双書現代哲学 3

物理世界のなかの心

心身問題と心的因果

ジェグォン・キム
太田雅子 訳

MIND IN A PHYSICAL WORLD: *An Essay on the Mind-Body Problem and Mental Causation*

Jaegwon Kim

keiso shobo

MIND IN A PHYSICAL WORLD
: An Essay on the Mind-Body Problem and Mental Causation
by Jaegwon Kim

序

本書は、わたしが一九九六年三月にカリフォルニア大学バークレー校で、タウンゼンド講義として行った四つの講義からなる。その後、本文は大幅に修正されたが、わたしの主張や論証の主要な点においては重大な変更は加えられていない。わたしを招待し、またわたしの滞在中手厚くもてなしてくれたことをバークレーの哲学科に感謝する。聴衆からの、とりわけデヴィッド・チャルマーズやマーティン・ジョーンズ、デヴィッド・ソーザのコメントや質問からは大いに得るところがあった。

これらの講義では、わたしは現在の考えを心の形而上学、とくに心身問題、心的因果、そして還元主義に関する諸問題の範囲内で述べようと試みた。本文はもともとは口述表現を記憶にとどめた状態で書かれ、この最終版ではそのいくらか形式ばらないゆるやかな表現のスタイルを残しておこうと決めた。

これらの講義は以下に挙げるわたしの近年の論文からその素材を得ている。"Mental Causation:

What? Me Worry?,” *Philosophical Issues* 6 (1995): 123–151; “The Mind-Body Problem: Taking Stock After 40 Years,” *Philosophical Perspectives*, 1997; “What is the Problem of Mental Causation?,” *Norms and Structures in Science*, ed. M. L. Dalla Chiara et al. (Dordrecht: Kluwer, 1997); “Does the Problem of Mental Causation Generalize?,” *Proceedings of the Aristotelian Society*, 1997.

ここで議論されている問題を考えるにあたり、心の哲学における関心を共有する多くの友人や同僚の恩恵を受けた。彼らの多くが誰のことであるかは、わたしの文章および脚注から明らかになるであろう。また、ブラウン大学の学生からの勇気あるコメントや挑戦からも得るものがあった。助手のマウラ・ガイザーについては、草稿を準備し、校正し、その他の単調だが必要な雑用をこなす際の献身的で有能な仕事ぶりが大いに助けとなった。さらに、ブラウン大学にはわたしの作業を長年にわたり支援してもらったことに、そして学科の同僚や学生たちには作業を進めるために友好的かつ刺激的な環境を与えてくれたことに感謝したい。

ロードアイランド州プロヴィデンス

一九九七年四月

著　者

物理世界のなかの心

心身問題と心的因果

目次

序

凡例

一、文献表示は原著に従って統一した。原著刊行当時未発表の文献に関しては情報を補完した。

二、注は原注を（ ）、訳注を［ ］で表し、それぞれ章ごとに通し番号を付した上で巻末にまとめた。原注において、欧米の人名には（ ）で原語の綴りを補い、訳注は専門用語の解説および原文の補足説明にとどめた。

三、原著でのイタリック体による強調箇所は傍点で示した。ただし、文中で項目の小見出しとして用いられる場合には該当箇所を太字とした。

第一章　心身問題――われわれは今どこにいるのか

心身問題をめぐる現在の議論は一九五〇年代末から一九六〇年代始めにさかのぼることができる。もっと正確に言えば、われわれが現在知るとおりの心身問題は、一年の差で発表された次の二つの古典的論文に端を発すると論じることができる。その論文とはすなわち、ハーバート・ファイグルによる一九五八年の「『心的なもの』と『物理的なもの』」と、その翌年のJ・J・C・スマートの「感覚と脳過程」である。[1] これらの論文でスマートとファイグルは、「心身同一説」「中枢状態唯物論」「脳状態説」あるいは「タイプ物理主義」などと呼ばれるようになる、心の本性へのアプローチを個々に提案した。一九五六年発表のU・T・プレイスの「意識は脳過程か?」[2] がスマートやファイグルに先んじていたにせよ、心身問題を分析哲学の主流をなす形而上学的プロブレマティークとして改めて紹介し、今日まで続く議論の口火を切ったのはスマートとファイグルによる論文であった。確かに、ライルの『心の概念』は一九四八年に世に出ており、もちろん心（mentality）[1]や心的言語をめぐるウィトゲンシュタインの言及はかなりの議論を呼んでいたし、言うまでもなくそれより前にC・D・ブロードによる著作『心と自然におけるその場所』（一九二五年）もあった。[3]だがライルやウィトゲンシュタインの基本的関心は、われわれの心がわれわれの物理的本性にどう関係するのかよりもむしろ心的叙述の「論理」に向けられていたし、さらには、ライルとウィトゲンシュタインならば、それぞれ異なる理由においてではあるにしろ、形而上学的心身問題をひとつの哲学的ナンセンスであると非難したであろう。それに対して、ブロードの著作は強固なまでに形而上学的であるが、不幸なことにそれは二〇世紀後半の、特にその初期の重要な段階での心身問題の議論と結びつかなかった。

わたしのように一九五〇年代後半から一九六〇年代前半に大学院に進学した多くの者にとっては、スマートとファイグルの唯物論が、体系的な哲学的問題としての心身問題との最初の出会いだった。彼らの手法は新鮮なまでに大胆で現実を見据えているように感じられ、当時の科学についての楽観的な気分とも調和しているように見えた。心的出来事が端的に脳過程であ
りうるということや、科学がこれまでに光が電磁気的放射エネルギーであることや遺伝子がDNA分子であることを示してくれたのとまさに同じように、科学的研究が心的出来事が脳過程であることを証明できるだろうというのは、魅力的でわくわくするアイデアだった。しかし、同一説は予想に反して短命だった。その急激な衰退は、それが紹介されてからほんの数年後に始まった。けれども今にして思えば、その短い寿命にもかかわらず、同一説は結果的にその心の理論としての支配をより長続きさせることになるひとつの決定

的な貢献をした。わたしが心に描いているのは、脳状態説が来るべき議論のための基本的パラメータと制限を課するのに役立ったという事実であり、そのパラメータと制限は今日のわれわれの考えをなおも導きそして抑えつける、概して物理主義的な仮定と野望の集まりである。このことのひとつの兆候は、一九六〇年代後半から一九七〇年前半に脳状態説が衰退しはじめたときに、デカルト主義やそれ以外の純然たる形の心身二元論に逆戻りした者がほとんどいなかったという事実である。議論の参加者はほとんど全員が物理主義にとどまったのであり、スマート－ファイグル唯物論の終焉の際に多数派だった人々までもが物理主義的世界観に忠実であり続けたのである。一九七〇年代や一九八〇年代、そして今日を通じて、心身問題、いわばわれわれの心身問題とは、根本的に物理的である世界の中に心の場所を見つけるという問題であった。過去数十年にわたって心身問題に取り組んできた人々の大多数に共有されている課題とは、心的なものを原則に基づいた物理主義の図式の中におさめる一方で、それと同時に何か固有のものとして心的なものを守るための、すなわち、われわれの自然において心をもつ生き物としてわれわれが尊重し特別と見なすものを失わずに心的なものを守るための方法を見つけることだったのである。

心脳同一説の終焉がそれほどに早まり、一見したところ損失が少なく、哲学者たちの間に後悔を惹き起こしたり再考を促したりすることがほとんどなかったのは、それを覆した二つの主要な反論、ヒラリー・パトナムによって進められた多重実現可能性論法[4]と、ドナルド・デイヴィドソンの非法則性に基づく論証[5]が、心脳同一説に取って代わる心の魅力ある図式である機能主義と非法則的一元論の種子を内包していたという事実による。機能主義の中心的発想、すなわち心的な種と性質は物理化学的あるいは生物学的な種よりも高次に抽象化された機能的な種であるという発想は、ほぼ同じ時期に打ち出されてきていた認知科学を理解するのに役立ちそうな、示唆に富んだ驚くべき発想だった。心への機能主義的アプローチは、心と認知についての新しい科学にはあつらえたようにぴったりであるように思われた。というのも、その中心的学説は、物理的・生物学的実装（implementation）とは独立に科学的に探求されうる、心的・認知的性質の特徴的な領域を要求するように思われたからであり、それはつまり心理学に科学としての正当性と自律性の両方を約束した発想だったからである。機能主義は新たな認知科学に形而上学と方法論の両方を与えたのである。

デイヴィドソンの非法則的一元論もまた、その特有の魅力は機能主義のそれとは異なっていたけれども、われわれにまた別の魅力的なパッケージを提示した。それは一方で心的領域がその本質的な非法則性と規範性ゆえに純然たる科学的探究の対象にはなりえない(6)ことを知らしめ、心的なものを物理的なものとまったく異なる次元に置いた。とくに、物理的なものに対しての非法則性、すなわち心的な種と物理的な種とを結びつける法則が存在しえないことは、心的な種の物理的な種への還元不可能性を含意すると思われていた。このことは、スマートーファイグルの心身同一テーゼに反して、心的な種が物理的または生物学的な種とは別であることを意味していた。このように、デイヴィドソンの非法則的一元論は、機能主義が提案したのとは異なる理由においてではあるが、われわれに心の自律性を保証したのである。他方では、非法則的一元論の一元論的な要素は、すべての個別的出来事

（「トークン出来事」）は物理学の法則に従う物理的出来事であると強調し、それによって物理的なものにわれわれの存在論での最高の地位を与えた。このことはわれわれの物理主義的野心をなだめることとなった。したがって、非法則的一元論と機能主義は両方ともそれぞれ独自のしかたで、われわれの物理主義者としての信任を失うことなく揺るぎない還元主義の限定的制約から脱することを可能にした。あるいは可能にしたように思われた。

1　スーパーヴィーニエンス・実現・創発

心身問題について、すなわち心的なものと物理的なものがどういう関係にあるかという問題について、非法則的一元論と機能主義というこれら二つの学説は何を述べているのか？　非法則的一元論は、あらゆる個別の心的出来事は物理的出来事であると述べる物理主義的一元論であるが、心的なものが非法則的である、つまり法則（またはデイヴィドソンがしばしば呼ぶところでは「厳密な法則」）に支配されないとも主張している。とりわけ、心的な種や性質と物理的なそれらとを結びつける法則は存在しないと述べているのは有名である。その学説の、物理的なものに関する心的なものの非法則性というこちらの構成部分は消極的テーゼである。それは心的なものがいかにして物理的なものと関わらないかを伝えるが、それら二つがどのように関わるかについては何も述べていない。それゆえ、心的なものと物理的なものの間の関係について積極的な物語を伝えることの負担は、この学説の一番目の構成部分である、あらゆる心的出来事は物理的出来事であるという主張にかかってくるのである。

しかし、デイヴィドソンの物理的一元論が心身関係について語っているのは正確にはどのようなことなのか？　われわれが期待するよりはずっと少ない、というのが答えである。デイヴィドソンにとっては、すべての心的出来事は物理的出来事であるという主張の内容は次のようなものとなるに過ぎない。すなわち、心的記述を与えることができるあらゆる出来事には物理的出来事をも与えることもできる、または、今流行の慣用表現で言うならば、心的性質をもつ（または心的な種に属する）あらゆる出来事は物理的性質をもまたもつ（物理的な種に属する）ということに過ぎない。というのも、デイヴィドソンの図式の範囲内では、出来事は物理的な語彙または心的語彙で記述できるか、物理的または心的な種に属するときに限り、物理的であるかまたは心的であるからだ。よって、デイヴィドソンの一元論は次の主張にまとめられる。それはすなわち、物理的性質（記述）のみをもつ出来事は存在するかもしれないし、たぶん存在するだろうが、心的性質（記述）のみをもつ出来事は存在しないという主張である。これには心的な種と物理的な種の間でのタイプ対タイプの関連は必要なく、デイヴィドソンの心の非法則性の学説は、心的タイプと物理的タイプの間の法則的（あるいはもっと強い）連関を厳しく禁じる。だが、心的なものと物理的なものとの間のタイプ対タイプ、性質対性質の関連を法則適用外にする学説が実際に述べているのは、われわれの心的な本性と物理的な本性の間には何のつながりもないということである。このことは、非法則的一元論の一元論が非法則的一元論の非法則性に劣らず消極的なテーゼであることを意味する。

非法則的一元論が心身関係についてあまり多くを語っていないということは、このような喩えから見て取ることができる。「色をもつあらゆる対象はみな形をもつ」という、おそらく正しいであろう言明を考えてみよう。これは、デイヴィドソンの一元論に対応する形で表現するなら、「色をもつあらゆる対象は形をもつ対象と同一である」となる。この言明は色と形の関係については明らかに何も述べていない。実際、それらの間には興味深い関係などないことをわれわれは知っている。心と身体の場合もそれと似ており、心的性質をもつあらゆる出来事はみな物理的性質をもつ出来事であるという言明は、心的なものと物理的なもののタイプ―タイプ間の結びつきがあるかないかについては何も述べていないし、それはデイヴィドソンが何も述べないようにもくろんだ言明なのである。このことが意味するのは、「色をもつすべての対象は形をもつ」という主張が色と形との関係について何も述べていないのと同様に、デイヴィドソンの非法則的一元論は、心的なものと物理的なものとの関係について何も語っていないということである。その際、非法則的一元論が展開される限りでは、われわれの身のまわりの事物の色と形との間にそのような関係が必要ないのと同様に、心的性質と物理的性質との体系的関係は必要ない。デイヴィドソンの物理的一元論と類似した、いわゆるトークン物理主義のどのバージョンにも同じことが当てはまる。[7] われわれは心身の理論にもっと多くを語ってほしい、すなわち、心的性質と物理的性質とがどのように関わりあうのかについての積極的な筋書きを語ってほしいと思っているし、またなぜそのような関係にあるのかをできれば説明してほしいとも望んでいると思う。われわれはそのような筋書きを非法則的一元論から得ることはないのである。

おそらくこのために、「心的出来事」という論文においてデイヴィドソンは心身のスーパーヴィーニエンス（supervenience）を援用したのだろう。心的なものと物理的なものを結びつける法則がありえないことを示す論証を進めた後で、彼はいくらか唐突なやり方で次のように付け加えている。

わたしが述べている立場は心理―物理法則が存在することを否定してはいるけれども、それは心的特徴がある意味で物理的特徴に依存またはスーパーヴィーンする（supervenient）という見解と矛盾しない。そのようなスーパーヴィーニエンスは次のようなことを意味していると見なされるだろう。すなわち、二つの出来事が、あらゆる物理的な側面で似ていてある心的側面において異なっていることはありえない、または、ある対象はある物理的側面を変えずしてある心的側面を変えることはありえないということである。(8)

今世紀初頭のイギリス創発主義者[2]が、心身問題に関連して「スーパーヴィーニエンス」という表現を最初に用いたようであり、その概念はしばらくの間倫理学の理論に現れていたのであるが、今引用した一節は、現代の心身問題の議論にスーパーヴィーニエンスという用語を導入する合図となった。いずれにしろ、デイヴィドソンが用いたような意味で理解された心身スーパーヴィーニエンスは、まさにそれが心的なものと物理的なものが互いにどのように関わりあうのかの説明を与え、あるいは少なくとも与える見込みがあるからこそただちに受け入れられたのだと思う。とくに、スーパーヴィーニエンスは心的そして物理的な性質や種（デイヴィドソンの言葉では「特徴」や「側面」）に関わるのであり、心的トークンや物理的トークン、および構造をもたない個別者としてのデイヴィドソン的出来事に関わるのではないという事実に注意してほしい。それゆえ、非法則的一元論の中心をなす二つのテーゼとは異なり、スーパーヴィーニエンスの主張は、心的性質と物理的性質との関係について、結果として何がしか積極的なことを述べているのである。

そのうえ、スーパーヴィーニエンスの主張には物理主義的な面で魅力がある。心的なものへの物理的なものへの非対称的依存が、あからさまに主張されてはいないにしろそこに含意されているのは明白である。この心身の依存関係は、心的なものの物理的なものへの還元不可能性と矛盾しないと考えられた（事実、デイヴィドソンやその他の論者によってあからさまにそう主張された）。デイヴィドソンがほぼ後知恵のごとくあっさり片付け、説明し練り上げるために、ましてや擁護するためにさえほとんど何もしなかったこのスーパーヴィーニエンスという考えは、非法則的一元論の中枢をなす学説に影を落とすようになり、物理主義のプログラムに新たな焦点と方向性を作り出した、このように考えたほうが公平であるとわたしは思う。心身スーパーヴィーニエンスをデイヴィドソンの非法則的一元論に不可欠な構成要素であると考えるべきかどうかはここで考察する問題ではない[9]。この問いについてわれわれの言いたいことが何であれ、哲学者たちは物理的出来事一元論と心的なものの非法則性という非法則的一元論の二つのテーゼにではなく、心身のスーパーヴィーニエンスに見込みのある物理主義的形而上学を見出したという事実は残るのである。そういうわけで、スーパーヴィーニエンスという考えは、一九七〇年代の後半に心身問題の議論に息づき始めたのである。

機能主義者は概して形而上学者ではなく、彼らのうちで自らの立場が心身問題についてどういう意味をもつのかについて自覚的に考えた者は少なかった。[10] 主流をなす機能主義者たちが心的性質（種、状態など）と物理的性質との関係を記述するのに用いたキータームは「実現」であった（ときには「実装」「実行（execution）」と呼ばれたりもした）。心的性質は物理的性質と同一でも還元可能でもないが、それによって（において）「実現される」または「実装される」のである。だがともかく、「実現」という語が導入され、[11] 主にコンピュータとの類比（とくに、抽象的で数学的に描写された計算機械が具体的な物理・電気装置によって実現されるという発想）の力を得て急速に普及し、機能主義者の中には、とくにその初期には、その実現関係とは何か、とりわけこの関係が伝統的な心身問題の選択に関してどのような意味をもつのかを説明しようと目に見える形で努力をした者はほとんどいなかった。

何人かの機能主義者そして多重実現論法に影響を受けた者たちにスーパーヴィーニエンスという考えが信奉されたのは、一部には形而上学的空虚さを埋める見込みがあったからだとわたしは思う。心的性質が物理的性質にスーパーヴィーンするというテーゼは、機能主義の形而上学的要求を非常にうまく満たすように見えた。それは物理的領域とその法則の優位にはっきりとした意味を与えることを約束し、それによってほとんどの機能主義者の物理主義へのコミットメントを公平に評価することを約束したが、この優位が物理還元主義を含意しないことによって心的なものの自律性を守ったのである。さらに、スーパーヴィーンする性質に対する複数のスーパーヴィーニエンス基盤を許容したとき、そのテーゼは心的性質の多重実現可能性に配慮するための完璧な図式を提供したのである。

わたしの思うところでは、機能主義的な見解を支持した者を含む多くの哲学者たちは、心身スーパーヴィーニエンスのうちに、還元主義なしの物理主義についての満足のゆく形而上学的主張を見てとったのだ。このことは、一九七〇年代の中盤から後半にかけてネッド・ブロックが「反還元主義の統一見解[12]」と呼んだ立場を生み出し、続いてそれを根づかせるのに役立った。この立場は今では普通に「非還元的物理主義」（または「非還元的唯物論」）と呼ばれているが、心身問題についてのみならず全般的にすべての分野で、高次の性質とその基礎をなす低次の性質との関係についてのもっとも影響力のある形而上学的立場であったし、今も依然としてそうである。よって、そのアプローチは思いもよらないおまけとして、特殊科学が基礎物理とどう関わるかの一般的な哲学的説明を与えた。特殊科学の領域にある性質、これらの科学の法則および説明を形成する性質は、基礎物理的性質にスーパーヴィーンしているがそれらには還元できず、この意味で特殊科学は基礎物理からは自律的なのである。もしあなたが基礎物理以外の分野の科学者ならば、自身の科学を理論物理で行われることとは独立に研究でき、物理学の問いに答える必要のないそれ固有の語彙において、法則や説明を特別な規律の中でたてることができるとわかればおそらく慰めになるだろう。もちろん、これは基礎物理以外の分野の科学者がいずれにせよ一般に行うことであるが、哲学的な理論的根拠があるのはよいことだ。

とにかく、非還元主義の統一見解を根づかせたことのひとつの直接の帰結は、創発主義の復活であり、一九二〇年代と一九三〇年代の古典的創発主義のきらびやかな学説ではまったくないにしても、少なくともその特有の語彙とスローガンの復活であった。実証主義および「科学の統一」の全盛期には、創発主義は面白みのない疑似科学的学説の山へと追いやられ、たとえば必ずしもエンテレキーや生の躍動（elan vital）を伴った新生気論ほどには評判は悪くなかったものの、それと同じくらいにあいまいでつじつまの合わないものだった。還元的物理主義の終焉とともに、創発主義は復活の兆候を強く示してきている。[13]われわれは今や、「創発する」「創発的性質」「創発現象」のような表現が、本格的な哲学文献のみならず[14]心理学や認知科学、システム理論などの論文においても[15]、表向きは古典的創発主義者によって意図された意味の用法によって、ますます増加しつつ弁解なしに使われているのを目にする。

ここでまとめるならば、脳状態還元説の終焉以来、三つの考えが心身問題の議論で突出してきており、今もなおそうである。その三つというのは、心的なものは物理的なものに「スーパーヴィーンする」という考え、心的なものは物理的なものによって「実現される」という考え、そして心的なものは物理的なものから「創発する」という考えである。これら三つの考え、およびそれらが心身問題についての議論で果たした役割を探究することが、この講義でわたしが行いたいと思っていることのひとつとなるだろう。今日はスーパーヴィーニエンスと実現に焦点を当てる。話が進む過程で、とくに後の話（第四章）で出てくる還元と還元主義についての議論と関連して、創発性についても述べるつもりである。[16]

2　スーパーヴィーニエンスは心身の理論ではない

スーパーヴィーニエンスから始めよう。スーパーヴィーニエンスは標準的には二つの性質の集まり、スーパーヴィーンする性質とそれらの基盤となる性質との間の関係と見なされている。これまでにもよく知られているように、さまざまな形のスーパーヴィーニエンス関係を得ることができる。われわれの目的のためには、「強いスーパーヴィーニエンス」に焦点を当てるのがよいだろう。それでは次のような心身のスーパーヴィーニエンスのテーゼを考えてみよう。

> 次のような点において、心的性質は物理的性質にスーパーヴィーンする。いかなる心的性質Ｍについても必然的に、あるものが時間ｔにＭをもつならば、物理的基盤となる（スーパーヴィーンされる）性質Ｐが存在し、それはｔにおいてＰをもち、必然的にあるときにＰをもついかなるものもその時間にＭをもつようなものである。

たとえば、ある人が痛みを経験するならば、その人は何らかの物理的性質（おそらくは複合的な神経的性質）を例化したのだということでなければならず、それはこの物理的性質を例化したときにはいつでも彼女が痛みを経験しなければならないような性質なのである。いわば、あらゆる心的性質は、その例化を保証する物理的基盤をもつということである。さらに言うなら、そのような物理的基盤なくしては心的性質は例化できないのである。性質の組成に関するある種の仮定のもとで、このようなしかたで提示されたスーパーヴィーニエンスのテーゼ（時として「様相操作子」による定式化と呼ばれる）は、もうひとつのよく知られたスーパーヴィーニエンスの定式化（時として「可能世界」または「識別不可能性」定義と呼ばれる）と等値であることを示すことができる。

> 必然的に、すべての物理的性質において識別不可能な（同じかあるいは異なる可能世界における）いかなる二つの事物も、心的側面において識別不可能であるという点において、心的性質は物理的性質にスーパーヴィーンする。

またはこう言うこともできる。寸分違わぬ物理的複製であるいかなる二つの事物も、必然的に、寸分違わぬ心理的な複製でもある、つまり、物理的複製はただ単に（*tout court*）複製なのである。また、誰かが述べたところによれば、物理的違いなしにはいかなる心的違いもない[17]。われわれは心身スーパーヴィーニエンスの二つの定式化を同義であると見なし[18]、文脈に応じてどちらかを使い分けることにする。

心身のスーパーヴィーニエンスのもとでは、心的性質Mにとっての物理的基盤性質Pは、必然的にMの発生を保証する。すなわち、必然的に、あるものがPを例化するならばそれはMを例化するのである。当該の必然性がもつ様相の強さは、心身関係についての立場に見合うように設定されるパラメータである。ある立場では形而上学的必然性や、あるいは論理的・概念的必然性にまで達するだろうが、別の立場では法則的必然性でもやむなしとされるだろう（スーパーヴィーニエンスの様相の強さは心的性質の様々なグループによって変わるかもしれないということを心に留めておくべきだ。たとえば、志向的性質は論理的・概念的必然性をもってスーパーヴィーンすることが可能であるが、他方、現象的性質は法則的必然性のみをもってスーパーヴィーンする）。すでに注意したように、同じひとつの心的性質が複数の物理的基盤をもつことがある。人間における痛みの実例はある神経的性質に基づくだろうが、別の痛みの実例、たとえばハ虫類のそれは別のものに基づくかもしれない。

デイヴィドソンの論述の中ですでに見たように、スーパーヴィーニエンスを依存または決定という概念と結びつけるのは通例となっている。心的なものが物理的なものにスーパーヴィーンするならば、その心的なものは物理的なものに依存しているかまたは物理的なものが心的なものを決定づけるのだが、それは大まかに言って、事物の心的性質がことごとく物理的性質によって固定されるという意味でそうなのである。このことはしばしば「世界」という語を用いて述べられる。世界の心理的性格はすべて物理的性格によって決定され、よく言われるように、物理的に識別不可能な世界は心理的に識別不可能なのである。依存や決定といった関係は非対称的である。xがyに依存するか、yによって決定されるならば、その結果yがxに依存したりxによって決定されたりということはありえない。決定を行うものは、ある意味でそれによって決定されるものよりも存在論的に先立つか、より基本的であるとみなされるべきである。だが、右に述べたスーパーヴィーニエンスは非対称的ではない。一般に、AのBへのスーパーヴィーニエンスはBのAに対するスーパーヴィーニエンスを排除しない。われわれが導入したスーパーヴィーニエンスの概念は、二つの性質群の間の共変化（covariance）のパターンを述べるだけであり、そのような共変化は、形而上学的依存関係や決定関係がなくても起こりうる。たとえば、必要とされる共変化を性質の二つの集まりが示すのは、いくぶんは単一の原因に対して並存する二つの結果が法則らしき相関関係を呈するようなしかたで、それぞれの集まりが第三の集まりに依存するからかもしれない。性質依存や決定を得るには共変化に何を付け加える必要があるのか、また依存・決定がそれのみで原初的なものと見なされるべきなのかどうか、これらの問いはむずかしく、おそらく明確な答えは出ないだろう。われわれはただ慣例上の用法に従い、その上さらに依存・決定という構成要素を組み合わせてスーパーヴィーニエンスを理解するのみである。実際、「スーパーヴィーニエンスの基盤」「基盤性質」のようなよく知られた表現が非対称的依存を示しているのは明白である。

　それでは、心的なものが物理的なものにスーパーヴィーンすると想定しよう。このことは、われわれの心がわれわれの存在の物理的本性とどう関係するのかについて見込みのある説明を与えるのだろうか？　すなわち、われわれは心と身体との関わり方についての哲学的理論をたてるのにスーパーヴィーニエンスそのものを使うことができるのか？　ときには、わたし自身がある時点で考えていたように、その答えはイエスだと、いわゆるスーパーヴィーニエンス物理主義は心身問題を引き受けることができそうな立場であると考えられていた。強いスーパーヴィーニエンスという意味でのスーパーヴィーニエンスは、スーパーヴィーンする性質がスーパーヴィーンされる基盤には還元できないことと本当に整合するのかどうかが争われてきた。しかし、この問いの議論は結論が出ず、[19]今ではその議論は相当に欠陥のある還元概念によって形作られていたのではないかと思う（第四章参照）。ここでは、心身のスーパーヴィーニエンスはそれ自体で心身関係の説明と考えることができるのか否かという問いに焦点を当てることとする。

ちょっと考えれば、答えはノーであり、心身のスーパーヴィーニエンスはそれ自体心身関係の理論を与えないということがわかる。これには少なくとも関連する二つの理由がある。第一に、心身のスーパーヴィーニエンスは一連の心身問題の古典的立場と整合する。実際のところ、それは多くの相互排除的な心身理論の間で共有されたコミットメントである。後で見るように、創発主義だけでなく、心的なものが物理的に実現されているという見解も、すなわち心的性質の非物理的実現はありえないという見解（これを物理的実現説と呼ぶことにする）もまた、心身のスーパーヴィーニエンスを含意するのである。しかし、創発が心的性質を非物理的で内在的な因果的力と見る二元論の一形式であるのに対し、物理的実現説は、これから論じるように一元論的物理主義である。もっと明らかなのは、還元という形で心的性質と物理的性質とを同一視するタイプ物理主義は、心身のスーパーヴィーニエンスを含意するということである。さらには、何人かの物理主義者、たとえばJ・J・C・スマートからは物理主義と競合する主要な二元論の立場と見られているエピフェノメナリズム（随伴現象説）は、一見したところ心身スーパーヴィーニエンスにコミットしている。二つの有機体がある心的側面において異なるならば、それはある物理的側面において異なるがゆえでなければならない。関連する心的側面の物理的原因が、一方には現れているが他方には現れていないからということでなければならないのである。すなわち、二つの物理的に区別不可能な有機体は同じ心的特徴を呈していなければならないということにエピフェノメナリストはきっと同意するだろう。心身スーパーヴィーニエンスが、心身問題へのこれらの多様で対立しあうアプローチそれぞれのコミットメントであるとしても、それ自体はこの問題についてこれらの古典的選択肢と並置されうる立場ではありえない。[20]

このことが示しているのは、心身スーパーヴィーニエンスを単に主張しただけでは、それにどのような根拠や説明が与えられるのかという問い、すなわち、なぜスーパーヴィーニエンス関係が心的なものと物理的なものに成り立つのかという問いがなされないままになるということである。[21] ここで関係してくる一般的問題を理解するために、規範的スーパーヴィーニエンスを取り上げよう。規範的スーパーヴィーニエンスとは、規範的または評価的な性質が非規範的・非評価的な性質にスーパーヴィーンするという、広く受け入れられている学説である。様々なメタ倫理学の立場が規範的スーパーヴィーニエンスを認めているが、その由来については異なる説明を与えている。倫理的自然主義者にとっては、スーパーヴィーニエンスが成り立つのは、規範的性質が非規範的で自然主義的な性質によって定義可能だからである。G・E・ムーアのような倫理的直観主義者なら、規範的スーパーヴィーニエンスをそれ以上説明の必要がない根本的でアプリオリに綜合的な事実と見なすだろう。それはわれわれの道徳感覚を通じて直接に把握されるものなのである。非認知主義者のR・M・ヘアなら規範的スーパーヴィーニエンスを指令（prescription）の言語に対するある種の規制的（regulative）制約と結びつけようとするだろう。さらにその他の論者はそれを規範的評価の概念そのものに根拠づけようとするかもしれない。規範的判断と評価は、最終的にはそれ自体非規範的で非評価的な理由や根拠に基づいていなければならず、そしてこのことは、規範的性質が非規範的な適用基準をもたねばならないということを意味する。心身の事例においても、われわれは競合する心身理論を、心身スーパーヴィーニエンスについて競合する説明を与えるものと考えることができる。還元的なタイプの物理主義によって与えられた説明は規範的スーパーヴィーニエンスの自然主義的説明になぞらえられる。心身スーパーヴィーニエンスが成り立つのは、心の働きが物理的に還元可能だからである。ちょうど倫理的自然主義において倫理的性質が自然的性質であるのと同じように、タイプ物理主義では心的性質は物理的性質である。創発主義は、倫理的直観主義のように心身スーパーヴィーニエンスを説明の必要のないものと見なす。主導的な創発主義者であるサミュエル・アレクサンダーが主張するところでは、それは「自然の敬虔さ（natural piety）」をもって受け入れられるべき厳然たる事実（brute fact）なのである。それに対して、エピフェノメナリズムはスーパーヴィーニエンスを説明するために因果関係（「同じ原因には同じ結果を」の原則）に訴えるだろうが、物理的実現説によれば、心身スーパーヴィーニエンスは、心的性質が一階の物理的性質の上に定義された二階の機能的性質であるなどといった、これから見ていくような事実の直接的帰結である。

　したがって、われわれは心身スーパーヴィーニエンスそのものが説明理論なのではないと結論せねばならない。それは単に心的なものと物理的なものとの性質共変化のパターンを述べ、それら二つの間の依存関係の存在を指し示すだけなのである。けれどもスーパーヴィーニエンスは、なぜ心的なものが物理的なものにスーパーヴィーンするかの説明になるかもしれない依存関係の性質については何も述べていない。このことを別のしかたで表現するとこうなる。スーパーヴィーニエンスは依存関係のタイプではない、つまり、因果的依存性、還元的依存性、メレオロジカルな依存性、定義可能性や含意に基づく依存性などなどと並置されうるような関係ではない。むしろ、これらの依存関係のいずれもが、必要な性質の共変化を生じさせ、それによってスーパーヴィーン関係の資格を得ることができるのである。だから、スーパーヴィーニエンスは形而上学的に「深い」関係ではないのだ。それはただ性質共変化のパターンについての「現象学的」関係に過ぎず、ことによるとそのパターンはもっと深い依存関係の現れであるかもしれない。もしこれが正しいなら、心身スーパーヴィーニエンスは心身問題を提起するものであり、心身問題を解決するものではないのである。このことが意味するのは、非還元的物理主義はその形而上学的基礎をどこか他に探さねばならないということである。スーパーヴィーニエンスそのものはそれを与えることはできない。心身スーパーヴィーニエンスを認める心身関係の説明ということになっているいかなるものも、心身スーパーヴィーニエンスを根拠づけて説明することのできる、心的なものと物理的なものの間の依存関係を特定せねばならないのである。

　しかし、これらの考察は、心の哲学におけるスーパーヴィーニエンスという考え方の有用性について著しくデフレ的であると受け取られる必要はない。それらはスーパーヴィーニエンスそのものが心身関係の説明をわれわれに与えてくれるのではないかという希望を確かにしぼませる。だが積極的な側面もある。心身スーパーヴィーニエンスが、心の本性について基本的に物理主義的なすべての立場に共通のコミットメントを捉えているということをわれわれの考察は示している。なぜならそれが表しているのは、心は本当は物理的基礎をもっており、それが現れる場である対象や出来事の物理的本性のうちに確かな基礎をもたずに浮遊する心など存在しないという考え方だからである。これは、多くの多様な心身問題の立場に共有されうる考え方で、一方の極をなす還元タイプの物理主義から、対極をなす二元論的創発主義に至るまで様々な立場に当てはまる。それに比べて心身スーパーヴィーニエンスは、もっと極端な形の二元論、つまり物理的領域の制約を受けずに心的世界を自由に浮遊させるデカルト的二元論のような立場とは整合しない[22]。よって、心身スーパーヴィーニエンスは有益な境界線としての役割を果たしうる。それは最小限の物理主義を定義すると見ることができるのである。

3　階層モデルとメレオロジカルなスーパーヴィーニエンス

デカルト的実体二元論は、心的なものと物質的なものという二つの独立した領域からなり、おのおのが（それぞれ意識そして空間における延長という）固有の典型的な性質をもつものとして世界を描写する。その領域にまたがる因果的相互作用はあるが、それぞれの領域の存在者すなわち「実体」は、他方の領域にある存在者とは存在論的に独立しており、一方の領域は他方がまったく不在であっても形而上学的に存在可能なのである。この二分化された世界像にとって代わったのがよく知られた多層化モデルで、それは世界を階層構造として組織化された様々な「レベル」「階」「層」に分けられたものと見なす。最底辺のレベルは通常は素粒子か、あるいはわれわれのもっともすぐれた物理学が教えるところによれば、すべての物質的事物がそれによって構成されるような何片かの基礎的物質であると考えられている。[23] はしごを上るにつれて、われわれは引き続き原子、分子、細胞、そしてより大きな生きた有機体などに出会う。階層構造を生じさせる順序づけ関係はメレオロジカルな（部分―全体）関係である。最底辺を除いて、あるレベルに属する存在者はそれより低いレベルに属する存在者にひとつのこらず徹底的に分解される。底辺レベルの存在者は物理的に有意味なそれ固有の部分をもたない。

それぞれのレベルで、そのレベルで初めて現れる、または「創発する」性質や活動そして機能（それらをそのレベルの特徴的性質と呼んでもよいが）が存在するというのはこの階層的描像の一部である。たとえば、分子レベルに特徴的な性質は電気の伝導性や可燃性、密度、粘性などである。新陳代謝や再生産のような活動および機能は、細胞と高次の生物学的レベルの特徴的な性質に属する。そして、意識やその他の心的性質は高次の有機体のレベルで現れる。今世紀のほとんどにわたって、このような世界の階層図式は、形而上学や科学の哲学の様々な問題、たとえば還元および還元主義、心身問題、創発、特殊科学の地位、そして統一科学の可能性についての議論のための不変の背景をなしており、それは明白に提示されていなくても暗黙裡に仮定されるのだ。実際のところこの描像は、われわれが多くの分野で問題をたててその可能な解決をはかる方法に対して、強く支配的な影響力を及ぼしてきた。時として階層モデルは存在者やその性質よりも概念や言語によって表現される。組織化のレベルや記述や言語のレベル、分析のレベル、そして説明のレベルなどなどの話やそれに類したものは至るところで見かけられる。レベルの話は、科学についての哲学的著作のみならず、多くの分野の、とりわけ心理学や認知科学やシステム理論、コンピュータサイエンスといった様々な領域の主要な科学的文献に余すところなくゆきわたったのである。[24]

　今やわれわれは次の決定的な問いに達した。あるレベルの特徴的性質は隣接したレベルの、特に低次のレベルの性質とどのような関係にあるのか？　生物学的（生命的）性質は物理化学的性質とどう関係するのか？　意識や志向性はいかにして生物学的・物理的性質と関わるのか？　社会現象、つまり社会集団に特徴的な現象は、個々の成員に関する現象とどう関係するのか？　これらが科学哲学、形而上学、そして心の哲学の中心的な問いの一部をなすことには同意してもらえるだろう。それらへの答えになりそうなものは、当該の問題に関する哲学的選択肢を定める。よく知られた主な選択肢のいくつかには、還元主義、反還元主義、方法的個別主義（methodological individualism）、創発主義、新生気論（neo-vitalism）などが含まれる。あなたはすべての隣接するレベルの組に当てはまるただひとつの一律の答えを出そうとするかもしれないし、様々なレベルに応じて異なる立場をとろうとするかもしれない。たとえば、（基底レベルよりも高次の）あらゆるレベルの性質は、ある明白かつ本質的な意味で低次の性質に還元可能であり、それゆえに最終的には物理学の基本性質に還元可能であると論じることもあれば、還元主義の主張をある選ばれたレベルに（たとえば物理化学的性質に関しては生物学的性質に）限定し、それ以外のレベル（たとえば意識や志向性）の性質に関しては反還元主義的立場を擁護することもあるだろう。それに、あるレベルに特徴的なすべての性質に関して一律の答えを出すことは必要でさえない。たとえば、命題的態度を含む志向的性質は（たとえば因果的・機能的に、または生物学的に）還元できると主張する一方で、現象的性質またはクオリアは還元不可能であると考えることもできるのである。

　これからはスーパーヴィーニエンスを頭に入れて階層モデルを見てゆくことにしよう。スーパーヴィーニエンスが階層モデルに重ねあわされると、（最低レベルを除いた）あるレベルの性質の、それより低次の性質に関するスーパーヴィーニエンスの主張の一般的な図式として次のようなことがわかってくる。

> （最低レベルを除いた）レベルLに属するどのxとyについても、もしxとyがLより低次のすべてのレベルの性質に関して識別不可能（xとyがミクロに識別不可能（*microindiscernible*）と言ってもよいが）ならば、xとyはレベルLのすべての性質について識別不可能である。

「ミクロに識別不可能である」という概念をどう説明すればよいのか？　次の説明ならわりと自然で

わかりやすそうである。[25]

レベルLに属するxとyがミクロに識別不可能なのは、低次に属する適切な部分へのxのあらゆる分解要素（decomposition）Dについて、DからCへの一対一の関数Iがあるという意味においてyが同一構造の分解要素Cをもつとき、かつそのときに限る。そのIはLより低次のレベルのいかなるn座の性質または関係Pについても、$P(I(\mathbf{d}_n))$のときそのときに限り$P(\mathbf{d}_n)$であり、このとき$\mathbf{d}_n$はDにおける何らかのn項の要素であり、Iのもとで$I(\mathbf{d}_n)$は$\mathbf{d}_n$の、逆にyからxへの写像である。

スーパーヴィーニエンスのテーゼが、階層モデルに適用されたときには結果としてメレオロジカル・スーパーヴィーニエンスの主張となる、つまり全体の性質がその部分を特徴づける性質や関係によって固定されるという学説となるのは驚くにあたらない。その場合、マクロ―ミクロのスーパーヴィーニエンスの主張全般は、世界がそういうありかたをするのはミクロ世界がそうであるからだというデモクリトス風の原子論的学説となる。[26]

そろそろ心的性質に戻ろう。おそらく、心的性質は高次の特徴的な性質として有機体のレベルで生じ、そして他の高次の性質と同じように、すでに説明された意味でそれらはそれ固有の部分を特徴づける低次のレベルの性質にスーパーヴィーンするだろう。すなわち、Mがあるxによって所有される心的性質ならば、xとミクロに識別不可能ないかなるyもまたMをもつだろう。心的性質は、それゆえにミクロ性質にスーパーヴィーンするマクロ性質なのである。

われわれは現に存在する以上のものをこの結果の中に読みとりたくなる誘惑に逆らうべきだ。階層モデルでは心身スーパーヴィーニエンスはメレオロジカル・スーパーヴィーニエンスの一例であること、このことは前進であり、マクロ物理的性質がミクロ物理的性質によって決定され説明されるのと同じようなしかたで心身のスーパーヴィーニエンスの説明を試みてよいかのように思わせる。だが、スーパーヴィーニエンスおよび決定は、説明とはまったく別の事柄である。われわれは、なぜそうであるのかわからずに、すなわち、なぜAがCではなくBから生じなければならないのか、なぜDではなくAがBから生じるのか知らなくても、BがAを決定する（またはAがBにスーパーヴィーンする）ことを知るかもしれない。心的なものの物理的なものに対するメレオロジカル・スーパーヴィーニエンスは、なぜ特定の心身スーパーヴィーニエンス関係が成り立つのかのわかりやすい説明を自動的に約束するわけではないだろう。ある物理的でメレオロジカルな構成Pに心的性質Mがスーパーヴィーンしているならば、次のような問いがなおも残る。Mは何か適切な意味でPに還元可能なのか？　あるものがなぜPをもつことによってMをもつのかを説明できるのか？　それ以上にPとMの、そして他のそのようなスーパーヴィーニエンス関係は説明できるのか（そしてここでは「説明」は何を意味しうるのか）？　それらのスーパーヴィーニエンス関係は厳然たる根本的なものだと見なされなければならないのか？　これらの問いは、Pがミクロ物理的特徴をもつ性質であるか否かとは無関係の問いである。

わたしの思うところでは、これらは正当な問いである。階層モデルは、われわれが心身問題を位置づけることのできる有用な存在論的図式を提供する。問題をこのモデルのより広い文脈の中におくことにより、われわれはそれに概略と構造の両方を与え、このことは問題の解決に任意でない何らかのパラメータと制限を課すことがありうるし、他の分野の問題との共通性と同じように、それにふさわしい特殊性を認識できるのではないかという希望を生じさせる。しかし、困難な問題が手つかずのまま残っている。これから、これらの問題へのアプローチとして物理的実現という考え方に話を向けようと思う。

4　物理的実現説

思い出してもらいたいのだが、物理的実現説ということでわたしが意味するのは、心的性質は、もしそれが実現されるならば物理的に実現されるのでなければならないということ、すなわち、いかなる心的性質も非物理的な実現をもたないという主張である。[27] よって、そのテーゼは物理主義と心的性質の機能主義的理解との組み合わせに等しく、「物理主義的機能主義」というのは物理的実現説と同様、この立場にふさわしい名前である。機能主義は、心的性質や種を機能的性質と見なす、つまり感覚という入力と行動という出力の間の因果的媒介者としての役割によって特定される性質と見なすのであり、物理主義的な形の機能主義は、物理的性質をこれらの因果的役割の潜在的担い手または「実現者」と見なす[28]。月並みな例を用いるなら、有機体が痛みを感じるということは、概して組織の損傷によって惹き起こされ、概してうめきやしかめ面やその他の特徴的な痛みのふるまいを惹き起こす何らかの内的状態にあるということだ。痛みを感じることは、この意味で二階の性質であると言われる。システムxがこの性質をもつことは、xがある条件Dを満たす何らかの一階の性質Pをもつことであり、その場合、今の事例ではDはPが痛みの典型的原因と典型的結果をもつということを特定する。

より一般的には、われわれは次のようなしかたで二階の性質という概念を説明できる[29]。**B**を性質の集合としよう。これらの性質はわれわれの一階の（または「基盤」）性質である。それらは何か絶対的な意味で一階なのではない。たぶん別の性質の集合に対しては二階となるのだろう[30]。心的性質が二階の性質として**B**から生成されるならば、当然**B**は（物理化学的、生物学的そして行動に関する性質を含む[31]）心的でない性質からなるとしなければならない。その場合このような定式化を得る。

Fが基盤（または一階の）性質の集合**B**の上の二階の性質であるのは、Fが**B**における、何らかの性質Pをもつという性質をもつときかつそのときのみであり、その場合PはDが**B**の成員について条件を規定するときD(P)であるような性質である。

したがって二階の性質は、それらが基盤性質への量化によって、この場合なら存在量化によって生じるという点で二階なのである。条件Dを満たす基盤性質を二階の性質Fの実現者と呼んでよい。たとえば、基盤集合Bが色からなるならば、原色をもつという性質は二階の性質である、すなわち、P＝赤またはP＝青またはP＝緑であるような性質PをBにおいてもつことであると考えられる。[32] よって、赤であること、青であること、そして緑であることは、原色をもつことの三つの実現者である。Bが鉱物の集合ならば、[33] ヒスイであることは、薄緑または白色で宝石用原石としての使用や彫刻に適している鉱物であるという二階の性質と考えられる。この二階の性質は二つの有名な実現者、硬玉と軟玉とをもつ。

　条件Dを定式化するために使用可能な語彙について述べる必要がある。目下の目的のためには、通常の論理的表現と適切な記述名辞（たとえば、Bの成員を指示するもの）に加えて、（性質について、正確には性質実例について成り立つ）因果的・法則論的関係が利用可能であると仮定しよう。われわれは今やその特定化条件（specification）Dが因果的・法則的関係を含むようなBの上の二階の性質として、Bの上の機能的性質を説明できるだろう。すなわち、機能的性質とは、一階の性質の間の因果的・法則的関係によって定義される二階の性質なのである。機能的性質の例は催眠性[34]である。物質は人を眠らせる化学的性質をもつまさにそのときにこの性質をもつ。バリアムやセコナール[3]は催眠性をもつが、それぞれジアゼパムとセコバルビタールという、異なる一階の（化学的）実現者によってその性質をもつ。または水溶性を考えてみよう。あるものは、それを水に浸したときにそれを溶解させるような性質Pをもつまさにそのときにこの性質をもつ。この機能的性質という概念は、機能主義者の文献に見られる通常の用法とうまく合致する。機能主義的理解のもとでは、心的性質は因果的役割によって、すなわち（生物学的および行動に関する性質を含む）一階の物理的性質に成り立つ因果関係によって特定される。この意味で心的性質は、それをもつ個体の外在的または関係的性質であるということになる。心的状態にあるということは、その典型的原因としてのこれこれと、典型的結果としてのしかじかを伴った状態にあるということだ。ある性質が特定された役割の所有者にふさわしいか否か、すなわち、それが機能的性質の実現者であるか否かは、本質的には他の性質との因果的・法則論的関係次第なのであり、その内在的特徴によるのではない。内在的特徴はもちろん重要ではあるが、それは単にそれが他の性質と因果的に関連づけられる能力ゆえにである。よって、内在的特徴はそれらの担い手の（支配的な法則に相対的な）因果的潜在性を表すと考えてよく、その潜在性はその担い手がある機能的性質を例化するか否かを決定するのに役立つ。他方、因果的・法則論的関係のネットワークは、機能的性質の構成要素なのである[35]。

　もし心的状態が機能的性質であるならば、したがってそれは定義的にまたは成り立ちからして、その実現者の構成内容上・構造上の細部には結びつかない。ある性質がある機能的性質を実現するかどうかは、偶然的で経験的な問いである。他の性質と適切な因果的・法則論的関係をもつ基盤性質ならどれも実現者としての役割を果たすことができる。そして、適切な入力によって活性化され、活性化されたときに適切な反応を誘発するメカニズムならどんなものでも、心理学的能力や機能の実現者としての役割を果たす。心的性質とその他の特殊科学の性質が異なる種や構造にかなり多様な実現者をもちうるというのは、長らく心の哲学・心理学、および特殊科学についての哲学的議論における常套句であった。このような観察は心理学と認知科学の性質についてのある種の見解を促した。それはすなわち次のような見解である。標準的には多重実現可能性の結果と見なされる心的性質の形式的・抽象的な性格こそが認知科学を可能にする、すなわち、認知的性質それ自体を科学的に、様々な生物学的な種とおそらく非生物的な認知システムにもわたって、それらの物理的実装の細部とは無関係に探究することを可能にするという見解である。実際、心理学の非物理的実現の可能性について考察してきた者さえいる。認知者それ自身にとって妥当な認知または心理学の偶然的経験法則が存在するというのは魅力的な考えである。たとえ「認知者」というのがわれわれやその他の地上の生物のようなタンパク質からなる生物学的有機体であろうと、電気機械的ロボットであろうと、非炭素的物質からなる知的地球外生物であろうとも、非物質的なデカルト的魂や天使であろうとも、さらには全知なる者自身であろうとも（ここまでいけば確かに「合理的心理学」の概念をはるかに越えている）！　われわれが物理的実現の唯物論的制限を行ったときでさえも、認知能力を備えたすべての法則論的に可能な物理システムに適用できる認知および心理学の普遍法則があるという考え方は、実際に人をわくわくさせる事柄である。(36)

ある物理的性質Pが心的性質Mの実現であるかどうかは、Pが組み込まれるシステムの特性による。(37)というのも、心理学においては、システム全体の入力─出力行動が関心事なのであり、Pが果たす因果的役割はシステム全体としての組成（「因果的回路網（causal wiring）」）に依存するからである。

たとえば、組織の損傷がある有機体において侵害受容神経細胞[4]（nociceptive neuron）を興奮させるか否かは、明らかにその有機体の神経組成に依存し、これらの神経繊維の興奮がそれに適した逃避行動を誘発するか否かもやはり有機体の神経システムや運動システムによるのである。したがって、同じ性質Pは、異なるシステムに置かれればMを実現しないかもしれない。逆に、おそらく次のような意味では、Pの機能の代わりもあるだろう。つまり、何らかの理由で有機体においてPを例化するための通常のメカニズムが機能不全になれば、適切な因果的能力をもった別のメカニズムがPを例化する座を占めて、その有機体にMの十分に近似した実現者を与えることができるかもしれないという意味においてである。

Mの実現者としてのPの身分は、もうひとつの側面に応じても同じように変わる。Mの実現者としてのPの資格は他の性質との因果的・法則的関係によるのだから、自然法則が変わればそれによってPの因果的潜在能力が変わり、それはMの実現者としてのPの身分にも影響することがあるだろう。Pはこの世界や他の法則論的に類似した世界においてMを実現する。しかし、Mの基盤領域のレベルで異なる法則が成り立ち、それゆえにそこで異なる因果構造を生じさせる世界では、PはMにとって決定的な機能的特定化条件を満たさないかもしれない。そのような世界では、Mはこの世界での実現者とはまったく異なる実現者をもつかもしれないし、あるいはまったく実現者をもたないかもしれないのである。(38)

実現関係はこれらのしかたで移り変わることがあるが、その不変性に注目するのも重要である。ひとたびシステムの物理的構成と支配的な自然法則が決まれば、それはPがMをそのシステムにおいて実現するか否かを決める。いわば、PがシステムsにおいてMを実現するならば、同じ法則に従っており、実際的な観点からしてsと識別不可能である、すなわち法則的性質の点から見て識別不可能であるすべてのシステムにおいて、PはMを実現するだろう。われわれのほとんどが認めるように、システムのミクロ構造がその因果的・法則的性質を決定づけるならば、法則が一定のままなら実現関係は同様のミクロ構造をもつシステムに対して不変のままであるということが帰結する。

5　物理的実現説は心身スーパーヴィーニエンスを説明する

関連する類似したミクロ構造を共有するシステムのクラスSを考えてみよう。生物学的に同種のものはそのようなクラスを形成するかもしれない。Pが種類SのシステムにおいてMを実現すると想定しよう。実現の定義からは、PがMにとって十分である（すなわち、種類SのシステムがPをtにおいて例化するならば、それはtにおいてMを例化する）ということが帰結する。実際、さきほど指摘された実現関係の法則論的恒常性が成り立つなら、PはMにとって法則論的に十分であるということが帰結する。たとえば、それぞれのP_iがM_iの実現者であるという意味で〈P_1, …P_n〉が〈M_1, …M_n〉の実現であるならば、もろもろのMはPにスーパーヴィーンしているという結果となる。ゆえに、物理的実現説はスーパーヴィーニエンスのテーゼを含意するのである。実現関係が支配的な法則に関して相対的ならば、含意されたスーパーヴィーニエンスのテーゼは、法則論的必然性の強さしかもたず、十分な形而上学的、または論理的・概念的必然性の力をもたない。ゆえに、異なる法則をもつ世界において物理的に識別不可能なシステムは、同じ心理学を例化しないかもしれないのである。

　このことが意味するのは、物理的実現説がスーパーヴィーニエンスのテーゼの説明を与えるだろうということである。心的なものが物理的なものにスーパーヴィーンするのは、心的性質が物理的実現者をもつ（そして非物理的実現者をもたない）二階の機能的性質だからである。そして、われわれは心的–物理的相関関係の説明も手にしている。Pがシステムｓにおいて実現されるときには常に心的性質Mを例化するのはなぜなのか？　定義により、Mをもつことは因果的特定化条件Dを備えた性質をもち、ｓに似たシステムではPは特定化条件Dを満たす性質（または性質のひとつ）である、というのがその答えである。そのとき、ｓに似たシステムにとっては、Mをもつことは Pをもつことなのである。あるシステムがPを例化したとき、（「スーパーヴィーニエンス」の辞書的な意味で）心的性質がひとりでに創発したりスーパーヴィーンしたりするということではない。むしろ、そのシステムについてMをもつことが、単にPをもつことなのである。陳腐だがなじみのある還元的慣用句を用いるならば、これらのシステムについては、Mをもつことは Pをもつこと「以上の何ものでもない」とさえ言ってもよいのである。これらの説明すべてが法則論的説明であることに注意してほしい。それらは、ある法則の集まりがわれわれの世界で支配的であるという事実に依存する。なぜなら、これらの法則はどの物理的性質がある心的性質の実現者かを最終的に決定するからである。したがって、形而上学的観点からすれば、心的性質が物理的性質によって実現されるという考えは、心的性質が「物理的相関物」または「神経上の基礎（substrates）」をもつとか、心的性質が「物理的なスーパーヴィーニエンスの基盤」をもっているといった考えをはるかに超えている。これらの考えは「実現」とは違って、なぜある心的性質がある物理的性質から生じるか、またはそれと相関するかの説明を行うことはできず、「Mをもつことは、適切なシステムについてはPをもつことである、またはまさにPをもつことに他ならない」のような還元的な語り方を保証しないのである。

　これらの考察は、科学における還元のパラダイムとうまく合致する還元の概念を指し示していると思う。性質や現象を還元するためには、われわれはまずそれを機能的に、他の性質や現象との因果的・法則的関係によって解釈し、または再解釈する。温度を還元するには、われわれはまずそれを内在的性質であると考えるのをやめて、因果的・法則的関係によって、関係として特徴づけられた外在的性質として、おそらく次のようなものとして解釈しなければならない。すなわち、温度とは対象がより高い度合いで別の対象と接触するときに増大する対象の大きさであり、高いときには近くにあるロウの玉を溶かし、人間において暖かさや寒さの感覚を生じさせ、極度に低ければ鋼鉄をもろくし、極度に高いときには鋼鉄を溶解状態にするようなものであるというのは周知のとおりである。ここにもうひとつの例がある。遺伝子とは、親から子孫への遺伝形質の伝達を因果的に惹き起こしうる、生物学的有機体におけるメカニズムである。透明であるということは、光をそのままに透過させる種類の分子構造をもつということである、などなど。われわれはそのとき、これらの因果的・法則的な特定化条件を満たし、それによって特定の因果的役割を果たす性質やメカニズムを、多くはミクロレベルにおいて見つける。多重実現や法則的相対性もこれらの事例で同じように当てはまる。温度は、気体におけるのと固体やプラズマや真空におけるのとは別のものかもしれない。DNA分子は遺伝子の実現者であるが、異なる基本法則が支配的である世界では、別種の分子が遺伝子に特徴的な因果的機能を果たすかもしれない。したがって、還元は二重に相対的である。異なる構造のシステムでは、還元される性質を実現する基礎的なメカニズムは変わるかもしれず、基本的な自然法則が恒常的に保たれている場合にのみ、すなわち、（関連する世界に相対的に）法則的に可能な世界についてのみ、還元は依然として妥当なのである。[39]

今述べられてきたことは、還元についての、とりわけ心身の還元の可能性についての議論を牽引してきた標準的なモデルの還元理論とは、重要な点で異なっている。その標準的なモデルの還元理論とはアーネスト・ネーゲルの理論間還元のモデルであり、その主要な焦点は法則の導出にある。[40] ネーゲルによれば、還元とは基本的に証明手続きであり、二つの理論の述語を結びつける「橋渡し法則（bridge law）」と連携して、基礎理論から対象理論を論理数学的に導出するものである。標準的には、これら相互に関係しあう橋渡し法則は双条件法の形をとると見なされ、還元される理論領域におけるそれぞれの性質に、還元基盤に存在し法則論的に外延を共有する（coextensive）性質を与える。ネーゲルのモデルは、心身の還元のためには、すべての種や構造のタイプにわたってそれぞれの心的性質が法則論的に外延を共有する物理的性質を与えられていることを必要とする。ネーゲルのモデルは心身の還元主義を、実際にはすべての還元主義を格好の標的にした。周知のとおり、もっとも影響力のある反還元主義の論証は、それは今なお有効であり続ける反還元主義の時流に乗った動きの口火を切る決定的な役割を果たした論証であるが、心的性質はその多重実現可能性ゆえに物理的領域に共外延物をもたず、それにより心身の橋渡し法則をネーゲル流の還元に用いることはできないという主張に基づいている。その際、この論法はすべての特殊科学に関する反還元主義的立場全般を守るために一般化された。[41]三十年にわたり、適切な橋渡し法則が当該の領域で適用可能なのか否かという問題について、還元主義をめぐる戦いが行われてきたのである。

しかし、これは還元の問題を争うには誤った論点である。これまでほとんど評価されてこなかったのは、ネーゲルの還元モデルが、実質上は間理論的な（intertheoretic）文脈に適用された、ヘンペル的なD－Nモデルの科学的説明だという事実である。ヘンペル流の説明が、関連する初期条件を述べる補助前提と結びついた法則から、説明されるべき現象を記述する言明を導くのと同じように、ネーゲル的還元もまた、補助前提としての橋渡し法則と結びついた基盤理論から対象理論を導き出すことによって遂行される。それゆえに、説明のD－Nモデルが三十年にわたって熱心な支持者をほとんど得なかったのに、ネーゲルの導出還元モデルは今もなお還元と還元主義の議論での有力な基準の役割を果たしているのは少なからず驚きである。[42]ネーゲル流の、普遍的双条件法の橋渡し法則に基づいた均一の還元は、科学では、とくにミクロ還元の場合ではごくまれであり、[43]先に概要を示したような種類のモデルのほうがより現実的であるだけでなく、この後の講義で見るように、形而上学的観点から見てより適切であると思う。このことが正しいならば、性質の還元可能性は決定的にその機能化可能性にかかっている、すなわち基盤領域の性質の上の二階の機能的性質であると解釈できるか否かにかかっているのであり、橋渡し法則の適用可能性にかかっているのではない。橋渡し法則は還元にとっては必要でも十分でもないのである。

後でこの問題およびそれと関係のある問題を、心身の還元および還元主義との関連でとりあげるつもりである（第四章）。今日のところは、心身問題とくに心的因果や心身の還元の問題を構成する、いくつかの中心問題についてのより詳細な議論の準備につとめてきた。だがいくつかのことが明らかになった。⑴心身関係を理解したいなら、心的性質がどのようにして物理的性質と関わるかについての積極的な説明が必要である。⑵デイヴィドソンの非法則的一元論はこの説明を与えておらず、他のよく似た形の「トークン物理主義」についても同様である。⑶スーパーヴィーニエンス自体が説明を要するのだから、心身のスーパーヴィーニエンスが援用されたときでさえも、それはそのような説明を考え出す助けにはならない。そして⑷物理的実現説は、それが最終的に正しかろうと正しくなかろうとその積極的な説明を約束するし、少なくともそのための正しい形式と内容をもっている。特に、それは心身スーパーヴィーニエンスの説明を与え、心身の還元主義をより実り多い形で議論できるより実在論的な還元モデルを指し示すのである。

第二章　心的因果の多くの問題

心的因果を説明すること、とくに、心的なものが物理世界において因果的影響力を行使することはいかにして可能かを説明することは、過去二十年にわたって心の哲学の主要な関心事のひとつであった。その問題はもちろん新しいものではない。哲学の授業の初歩で学んだように、心と身体との因果的交渉がいかにして存在しうるのかを説明するということの問題[1]について、デカルトは同時代人からの激しい反論に直面した。だが、このことはデカルトの問題はわれわれの問題であるということを意味しない。彼の問題は、同時代人たちが見たところ、彼のあまりにも常識的すぎる心身相互作用のテーゼが、心と身体という二つの根本的に別個な領域にある実体の存在論の範囲内で、どのくらい批判に耐えられるかを示すことであった。その答弁においてはデカルトは明言を避け続け、結局のところ効果的な解答を考え出すことができなかった。ライプニッツやマールブランシュのような彼の同時代人の多くは、実体二元論を支持して心的因果を放棄する道を選んだ。けれども、最後まで心的因果にとどまりながら、デカルトは哲学的常識に対して賞賛に値する健全な敬意を示したのであり、ラディカルだがもっともらしさに欠ける解決を選んだ彼の哲学上の主なライバルの多くよりもその傾向をいっそう強く示した。われわれは、彼が心的因果と自らの存在論との折り合いをつけられなかったというあまりによく知られた失敗だけでなく、この点においても彼を思い起こすべきだと思う。いずれにしろ、実体二元論は心的因果についてのわれわれの現在の心配の源ではない。名詞が指示するところの心はもはや、われわれの多くにとっては生きた哲学的選択ではないのである。

哲学的問題は無からは生じない。問題が生じるのは、典型的にはわれわれが明白にであれ暗黙にであれ受け入れている仮定や前提、そしてわれわれの敬意を集めると思われるコミットメントの間に食い違いを感じるようになるときである。だから、哲学的問題の深刻さは、二つの関連する問いにかかっている。第一に、一見したところの食い違いを生じさせる仮定やコミットメントに対するわれわれの思い入れはどれほど深いのか？　第二に、食い違う仮定を容認できるように調停するのはどのくらい容易かさもなければ困難か？　調停の過程は、われわれのもともとのコミットメントに対して重大な修正を要求するかもしれない。現在のコミットメントの枠組み全体を放棄するのでなければ、歩み寄りのための交渉が行われるべきである。現実生活と同様、哲学にも無料ランチ[1]はないのである。

この講義でわたしは、もっともわかりやすくありのままだと思われるしかたで、現在の心的因果の主要問題はどのようにして生じるのかを解説したいと思う。こうは言っても、わたしは心的因果に単一の問題があると言いたいわけではない。実際すぐにわかることだが、われわれの多くがもっともだと見なす仮定や原則のいくつかの異なる集まりが、心的因果に面倒をもたらすことがある。わたしはまず、心的因果にとっての困難を生じさせるように見える三つの源泉をくわしく説明しようと思う。これは、われわれが少なくとも心的因果についての三つの別々の問題に直面しているという意味である。しかし、この講義の残りの部分では、これらの問題のうちの三番目の特殊なバージョン（「排除問題（the exclusion problem）」）に焦点を当てる。この問題は、わたしが「スーパーヴィーニエンス論法」と呼ぶものから生じる。これはわれわれの心的因果のもっとも重要な問題であるとわたしは主張する。これを「われわれの」心的因果の問題だと呼ぶ際にわたしが暗に示そうとしているのは、この問題が、わたし自身を含めた多くの哲学者が説得力があるとか少なくとももっともらしく魅力的だと思うような、ある種の広い意味で物理主義的な見方をする者にとってなら誰にでも生じてくる問題だということである。それに比べて、それ以外の二つの問題（心の非法則性問題と外在性の問題）は本質的には物理主義とは結びついていない。それらは物理主義的コミットメントとはほぼ無関係で、物理主義の枠組みの外で生じうる。これから見るように、排除問題は、それが物理主義のまさに核心をつくという点において際立っており、スーパーヴィーニエンス論法はそれに関わる困難の本質を捉えていると思う。その場合、われわれにとっての心的因果の根本問題とは、次のような問いに答えることである。基本的に物理的な世界において、心がその因果的力を発揮するのはいかにして可能か？

心的因果を救いたいと思ういくつかの理由、つまりなぜわれわれにとって心的因果が実在していることが重要なのかの理由から話を始めさせてほしい（その存在は究極的で話し合いの必要もないコミットメントだと言う人もいるだろうが）。第一に、人間が行為者たることが可能であるためには、明らかにわれわれの心的状態が、つまり信念や欲求、意図が物理世界に因果的な効果をもたらすことが必要である。自発的（voluntary）行為においてわれわれの信念や欲求、意図や決心は、どうにかして手足を適切な方法で動かし、それによってわれわれの周囲の対象を置き換えるようなものでなければならない。このようにしてわれわれは何とか環境に対処し、哲学論文を書き、橋を架け街を造り、オゾン層に穴を開けるのである。第二に、人間の知識の可能性は心的因果の実在性を前提する。世界に開かれた唯一の窓である知覚が生じるには、知覚経験や信念が身の回りの物理的対象や出来事によって惹き起こされることが必要である。推論は、われわれがすでに知ったり信じたりしていることからなる蓄えから新たな知識や信念を得るためのものだが、それは新たな信念が古い信念によって惹き起こされることを含む。より一般的には、因果性はほぼまちがいなく、証拠による根拠づけが伝播するのに不可欠であると言ってもかまわないだろう。記憶とは、経験と、その物理的保管と、それを信念の形で復旧させることとの間の相互作用を含む複雑な因果過程である。知覚や記憶や推論を取り去られたら、人間の知識のすべてを取り去られてしまったも同然である。さらに先に進むと、人間の行動についての法則に基づく説明を作り出しうる理論科学としての心理学の可能性が、心的因果の実在性にかかっていることは明白であるように見える。心的現象は、物理的行動につながる因果連鎖における不可欠な鎖の輪として機能しうるものでなければならない。説明において心的現象に訴える科学は、その因果的効力に関与すると信じてよい。いかなる現象であれそれが説明的役割を果たすためには、当該の状況でそれの有無による違い、すなわち因果的違いが生じなければならないのである。

　そのようなわけで、ほとんどの哲学者にとって、心的なものの因果的効力が、たとえ他の方向からの重圧がどれほど大きかろうと絶対にあきらめられないものであるのも驚くべきことではない。ジェリー・フォーダーもそのような哲学者のひとりである。彼はこのように述べている。

> ……わたしが手を伸ばすことが因果的にわたしの欲求のせいであり、わたしが身体を掻くことが因果的にわたしのかゆみのせいであり、わたしの発言が因果的にわたしの信念のせいであるということが文字通りの真実でないならば……、もしそのいずれもが文字通り真でないならば、何であれわたしがそれについて信じているほとんどすべてのことは誤りであり、それこそ世界の終わりとなる。(2)

心的因果がただの幻ならば、おそらくそれは世界の終わりではないにしても、きっと行為者そして認識者としてのフォーダーおよびその他われわれすべてを含む世界の終わりであるように見える。決定論の問題は人間の行為者性を脅かし、懐疑論の挑戦は人間の知識を脅かす。心的因果の問題の賭け金はなおさら高そうである。なぜならこの問題は行為者性と認知の両方を奪い去る恐れがあるからだ。

1　心的因果の三つの問題

それでは、心的因果に災いをもたらし、われわれにその「正当性の立証（vindication）」を試みるようにさせるものとは何なのか？　現在のところこの問題に関しては三つの学説があり、それぞれが心的因果にとって一見したところの困難をもたらしていると思う。はじめの二つはかなりの間われわれの身近にあった。三番目のものは新しくはないものの、改めて真剣に考察されだしたところである。ひとつは「心の非法則論」であり、心理的現象についての因果法則は存在しないと主張する。問題の第二の根源は計算主義および内容についての外在主義である。三番目をわたしは「因果的排除（causal exclusion）」と呼ぶ。これらはそれぞれ心的因果に関して、ある程度連関しあっているもののそれぞれ別個の問題を生じさせる。真に包括的な心的因果の理論は、それぞれの問題に解決を与えねばならないが、これら三つの問題すべてが要求するものを同時に満たす解決でなければならないのである。

非法則的な心的性質の問題

心の非法則性から始めよう。この主張のデイヴィドソン版は、心理現象についての因果法則（または、デイヴィドソンの用語では「厳密な」法則）は存在しないと述べる。心的出来事を物理的出来事と結びつけるような法則や、心的出来事を他の心的出来事と結びつけるような法則は存在しないのである。(3) だが、心の非法則性がなぜ心的因果に困難をもたらすのか？　はじめの困難は、非法則性と、広く受け入れられている「因果関係の法則論的要請」(4) とが結びついたときに生じる。その要請とはすなわち、因果関係にある出来事は因果法則を例化せねばならないという条件のことである。しかし、この要請は心的因果を不可能にするように思える。心的因果にとっては心的出来事は法則を例化する必要があるが、心の非法則性は心的出来事については法則が存在しないと述べているからである。

デイヴィドソン自身の提案は有名である。彼はそれを「非法則的一元論」と呼んでいる。われわれはすでにそれを心身理論として考察し、不十分であることがわかった（第一章）。だがここでのわれわれの関心は、物理的一元論につながるデイヴィドソンの巧妙な論証にある。確かに因果関係にある心的出来事は法則を例化しなければならないが、心理法則は存在しないのだから、それはたかだか心的出来事が物理法則を例化するということを意味するに過ぎないとデイヴィドソンは言う。このことは、心的出来事が物理的な種に属する（または真である物理的記述をもつ）ことを示しており、デイヴィドソンが論じるには、そこからさらに心的出来事は物理的出来事なのだということが帰結する。これが彼の非法則的一元論における一元論である。その論証の一般的な結論はこうである。つまり、出来事が因果関係を結ぶためには、それに物理的法則が適用されなければならず、ゆえにそれは物理的領域の一部をなすのでなければならないということである。因果関係は、物理法則の適用された物理的出来事の間にのみ成り立つことができる。もちろんこれらの出来事のうちいくつかは心的出来事でもある。この世界の因果的構造、この世界で成り立つ因果関係の集合全体は、すべてそこにおいて支配的な物理法則によって成り立つ。だから、心的出来事が因果的に効力をもつのは、単にそれらが因果的効力をもつ物理的出来事と同一であるがゆえなのである。

しかし、この巧妙な解決はあまり多くの哲学者を満足させなかった。それどころか、デイヴィドソンの論評者たちの間には、まさになぜ非法則的一元論が心的因果の説明として満足のゆくものではないのかについて見事なまでの合意が形成されている[5]。たとえば、出来事eの原因として因果関係にある心的出来事mを考えてみよう。デイヴィドソンによれば、この因果関係は、まさにmとeが物理法則を例化した場合に成り立つ。たとえば、mはある物理的（おそらく神経系の）種Nに属し、eは物理的種Pに属し、そして適切な因果法則が種Nの出来事と種Pの出来事を結びつける。だが、このことは一見して、心の因果的関連性を脅かす。mが心的出来事であるという事実、それが現にそうであるような心的出来事の種であるという事実は、mがどういう因果関係を結ぶのかを決定するのに何の役割も果たさないように見える。出来事mの因果関係は、余すところなく完全にその物理的性質の総体によって決定されており、それゆえこの描像の中にはmの心的性質が果たしうる、または果たす必要のある因果的役割は存在しない[6]。心的性質がたとえ改めて好き勝手にこの世界の出来事に割り当てられたとしても、あるいはたとえ心がまったくこの世界から取り去られたとしても、その可能性は心についてのデイヴィドソンの非法則論によって開かれたままであるように見えるが、世界の出来事間の因果関係でそれによって影響をこうむるものはひとつもなく、世界における因果関係はまったく手つかずのままになるだろう。このことは心的性質をエピフェノメナ（随伴現象）の身分に追いやるように思える。[7] それゆえ、心の非法則性から生じる心的因果の問題とは、以下の問いに答えることである。非法則的性質はいかにして因果的性質でありうるのか？　この問題の解決は、デイヴィドソンとは反対に心的性質が実際には非法則的でないことを示すか、デイヴィドソン的意味で非法則的であってもそのことは因果的関連性や因果的効力をもつことに何の障壁にもならないことを示すかのいずれかでなければならないだろう。

心の非法則性という制限の範囲内で、心的性質の因果的身分を回復させようとする試みがいくつかなされてきた。これらの試みのほとんどは、因果関係の法則論的要請をゆるめるか、何とかしてそれを回避するという方針をとった。これは通常、三つの方法のうちのどれかで実行される。第一に、「厳密」というところまで達しない法則、おそらく暗黙のうちに「他の条件が同じならば（*ceteris paribus*）」がつく節によって弱められた法則が、因果関係における個別の出来事を包摂しているのであり、心的性質に関してもこの種の厳密でない法則が存在すると論じたくなるだろう。第二には、包摂的因果法則よりむしろ因果関係を作り出すタイプの反事実的依存性に注目する方法がある。フォーダーのアプローチ[8]は一番目の戦略の例である。ルポアとロウワー[9]、そしてホーガン[10]のそれは二番目の例である。三番目のアプローチは（それは二番目と整合するが）、因果的関連性または因果的効力の概念を、厳密な法則に規定される因果性よりも弱いしかたで定義するものである。このアプローチのひとつのヴァージョンは、近年デイヴィドソン[11]によって採用されているが、心的なものの因果的関連性を説明するために、心的なものの物理的なものに対するスーパーヴィーニエンスに訴えようとするものである。しかし、これから見るように、心身スーパーヴィーニエンスそのものが、心的因果にとっての困難につながると見ることができるのである。

外在的心的性質の問題

統語論主義（syntacticalism）の話から始めよう。統語論主義とは、心的状態の「意味論的（「内容的」または「表象的」）」性質ではなく「統語論的」性質のみが、とくに行動を生み出す因果関係に対して因果的に関連をもちうるという見解である。[12] さらに、信念や欲求のような、心的状態のなかでも重要なクラスをなすものの心的性格がその意味論的または表象的特徴にあると仮定するならば、統語論主義は、心的状態の志向的性質、つまり心の構成要素である性質は因果的に無関係だという結論を余儀なくされるように見える。だが、統語論主義を真剣に受け止めるようわれわれを説得するものは何なのか？

統語論主義は計算主義の文脈においてもっとも自然に現れる。計算主義とは、デジタルコンピュータの情報処理にならって、心的過程を内的表象の計算過程と見なすようわれわれに迫るアプローチである。計算過程が、すなわち計算を構成する因果過程が、そこで扱われている表象やデータ構造の意味論でなく、統語論に左右されることは明らかである。計算の工程を決定づけるのは記号の形であり、意味ではないのだ。あるひとつづきの1と0の意味するのが近所のスーパーの歯磨きの在庫数か、

（アメリカ・ロードアイランド州）プロヴィデンスの本日正午の気圧か、着陸態勢にある飛行機の高度であるかは、計算にとってはどうでもよい。同じように、心的活動が信念や欲求やそのようなものに関する計算過程であるならば、因果的に関わるのはこれらの状態の統語論的形態であり、その表象的内容ではないように思われるだろう。[13]

ここでのわれわれにとって本質的な問題は、計算主義や、統語論と意味論を伴う内在的な心的言語の話から容易に切り離すことができる。物理的行動の内的原因は、そのときの行為者や有機体の内的状態全体にスーパーヴィーンしているのでなければならない。[14] なぜなら、二つの有機体がある時間に全体として同じ内的状態にあるならば、それらは同じ筋肉運動を出力するだろうと仮定するのはかなりもっともらしいことのように思えるからだ。しかし、内的状態の意味論的性質は、一般にはそれらの同時的な（synchronous）内在的性質にはスーパーヴィーンしない。というのも、そうした意味論的性質は、概してその有機体の歴史や環境条件についての事実を含むからである。[15] たとえば二つの有機体において、ある時間でのそれらの状態全体が同一の内在的性質をもつにもかかわらず、それらの例化する意味論的性質は異なっているということがある。それらは信念や欲求の内容、同じ発音の（homophonic）述語の外延、そして同じ発音の文の真理条件において異なりうる。けれども、一見して明らかなように、これらの意味論的相違は行動の出力には重要ではないはずだ。通常の内容帰属がこういう外在的・関係的側面をもつことをはっきりと認識したことは、過去二十年間の心と言語の哲学に関するより注目すべき展開のひとつである。[16] この地球上にいるあなたは水には湿り気があるという信念をもっている。しかし（とその哲学の話は続くのだが）、双子地球上のあなたの厳密な物理的複製は、水が湿っているのではなく、XYZが湿っているのだと信じている。地球上のカエルは、適切な刺激を視覚に受ければ、ハエが自分の視野を横切って飛んでいるという「信念」をもつ（あるいは少なくともハエを「見る」）。ハエのいない他の惑星に住むカエルは、同じような刺激を受けてもハエについての信念を持たず、いずれにせよハエを表象する状態にはない。それらのカエルは「シュミー(Schmy)」が視界を横切って飛んでいると「信じる」のである（シュミーとはその惑星のカエルが捕食する小さな黒いコウモリである）。それゆえ、有機体のある志向的状態がある意味論的性質を例化するというのは関係的事実であり、本質的に有機体と様々な外的環境や歴史に関する要素との関係を含む事実なのである。このことにより意味論的性質は関係的または外在的となるが、その一方でわれわれは、行動の生成に関わり原因として働く（causative）性質は有機体の非関係的、内在的性質なのだろうと思っている。もし内的状態が行動を生じさせる因果関係に関与するならば、すべての因果的働きはその「統語論的」、または少なくとも内的・内在的性質によってなされるのであって、意味論的性質は因果的に余計なままであるように思われる。それゆえに、統語論主義によって生じる心的因果の問題とは、次の問いに答えることである。外在的、関係的性質は行動の生成においていかにして因果的に有効でありうるのか？

　ゆえに問題の核心は、心的性質、とくに内容的性質（たとえばPという信念であるという性質）は関係的性質であり、それらを例化する有機体にとって外的であるのに、その一方でわれわれは行動の原

因として機能する性質は内在的かつ内的だと思っているという想定された事実にあるのだ。(17)

因果的排除の問題

わたしが考えている心的因果についての三番目の、そして最後の問題は次のようにして生じる。心的出来事がいかにして物理的出来事の原因になりうるかの説明、つまり非法則的な心的性質および統語論主義の問題に要求されるものを満たす説明をどうにかして組み立てたとしよう。そこで時間tで生じる心的出来事mが物理的出来事pを惹き起こすとし、さらにこの因果関係が成り立つのは、mが心的な種Mの出来事であり、pが物理的な種Pの出来事であるという事実によると想定しよう。そのとき、pもまたtにおいてその物理的原因を、つまり何か物理的な種Nの出来事をもつのだろうか？

心的出来事m（tで生じる）を物理的出来事pの原因として認めながらpがtにおいて物理的原因をもつのを否定することは、物理的領域の因果的閉包性に対する明らかな違反であり、物理的出来事と非物理的出来事とを単一の因果連鎖で一緒くたにするデカルト的相互作用二元論への逆戻りである。だが、pがtにおいて物理的原因p*をもつと認めることは、次のような問題を誘発する。pが物理的原因p*をもつならば、果たすべきどんな因果的役割がmに残されているだろうか？　それゆえ、その物理的原因p*は心的原因mを排除し、それを先取する恐れがあるのだ。これが因果的排除の問題である。したがって、心の実在論者であり続けたいと望む非還元的物理主義者は、同じひとつの出来事の心的原因と物理的原因とがどう関わりあうのかを説明しなければならない。デイヴィドソンの非法則的一元論のようなトークン物理主義では不十分である。なぜなら、問題は最終的には心的性質の因果的効力に関わるのだが、反還元主義は心的性質の物理的性質との還元的同一化を始めから拒んでいるからである。よって、因果的排除の問題とは、次の問いに答えることである。原因をもつすべての物理的出来事が物理的原因をもつとしたら、いかにして心的原因までもが可能となるのか？

以上は、現在の心の哲学の議論において心的因果の問題が現れるとわたしが思う三つの主な形である。このことは、実際に三つの区別可能な問題が存在することを意味するが、もちろんそれは単一の統一的アプローチによるそれらの解決の妨げになるわけではない。ここでは、直接には始めの二つの問題を取り扱わない。この講演の始めに述べたように、わたしが行いたいのは、三番目の問題つまり排除問題を、第一講義で議論した二つのテーゼに焦点を合わせることによって、より具体的かつ詳細なしかたで展開することである。その二つのテーゼというのは、心的なものは物理的なものにスーパーヴィーンするという主張と、心的なものは物理的なものによって実現されるという主張である。わたしは、心身スーパーヴィーニエンスと物理的実現説との両方が、いかにして心的因果にとっての見かけ上の困難につながると見ることができるかを示せればよいと思う。今後の講義で、心的性質の機能的還元を経て、心を物理的世界の因果構造の内部に収容しうるだけの通路を物理的実現説がいかにして開くのか論じるつもりだが、その経路はおそらくすべての心的性質が入れるほど広くはないということになるだろう。

2　スーパーヴィーニエンス論法、あるいはデカルトの報復

第一講義で、わたしは心身スーパーヴィーニエンスが最小限の物理主義を定義すると考えることができるのは便利だと論じ、自らを物理主義者と称する誰もがすすんで受け入れるであろう最小限のコミットメントであると論じた。また、心身スーパーヴィーニエンスは物理的実現説によって、すなわち、心的性質が物理システムにおける物理的性質によって実現されるがゆえに例化されるというテーゼによって含意されるということもわかった。そのうえ、創発主義もまた、ほぼ間違いなく心身スーパーヴィーニエンスに関与している。二つのシステムが全体として物理的に似ているならば、われわれはそれぞれに同じ心的性質が創発したりしなかったりすると予測するべきである。

心身スーパーヴィーニエンス自体が心身問題の一見したところの困難につながることを示すために考案された論証にそろそろ目を向けよう。以前示したように、スーパーヴィーニエンスのテーゼを最小限の物理主義を定義するものと見なすならば、その論証はこれらの困難が物理主義一般の悩みの種になることを示すだろう。すなわち、もっとも弱い形の物理主義でさえも、不本意ながら何とかしてこの論証を受け入れざるを得ない。これが正しいならば、デカルトの実体二元論の放棄は、心的因果に関する限りわれわれを困難から逃れさせてはくれない。実際、近年の心の哲学における注目すべき進展とは、主流である物理主義への真剣な挑戦としての心的因果の問題の復活という、デカルトを喜

ばせたであろう現象である。

それでは、心的因果は不可解であるという結論につながるディレンマ形式の論証の組み立てに進もう。実質的には、これから提示される論証は、心身スーパーヴィーニエンスを因果的排除問題に重ね合わせた結果である。ディレンマの二つの角が現れるところから始めよう。

(i)　心身スーパーヴィーニエンスは成り立つか成り立たないかのどちらかである。

しかし心身スーパーヴィーニエンスは何を主張しているのか？　心身スーパーヴィーニエンスのテーゼを次のように言い換えてみよう。

心身スーパーヴィーニエンス　心的性質が物理的性質にスーパーヴィーンするのは、あるものが何らかの心的性質Ｍをｔにおいて例化するならば、物理的基盤性質Ｐが存在するという意味においてであり、そのＰとは、事物がＰをｔにおいてもっており、必然的にＰをある時間にもつものがＭをその時間にもつような性質である。

基盤性質がスーパーヴィーニエンス性質にとって必然的に十分であることに注意しよう。これに関係する必然性は、通常は少なくとも法則論的必然性と見なされる。そのため、心身スーパーヴィーニエンスが成り立つならば、それは同じ基本的自然法則をわれわれの世界と共有するすべての世界において成り立つのである。

(i)に戻って、しばらく二番目の角を先に追究しよう。

(ii)　心身スーパーヴィーニエンスが成り立たないならば、心的因果の可能性を理解する目に見えて明らかな方法は存在しない。

ジェリー・フォーダーによれば、「もし心身スーパーヴィーニエンスが有効ならば、心的因果の理解可能性もそれと一緒である」[18]。わたしの知る限りでは、彼はなぜそう述べたのかを説明したことはない（一度たりともない！）。心的因果の運命をスーパーヴィーニエンスに結びつけたのはフォーダーだけではない。たとえばホーガンは、クオリアに因果的効力をもたせるのに必要だという理由で、クオリアの物理的スーパーヴィーニエンスに賛成する見解を述べる[19]。だが、スーパーヴィーニエンスと心的因果との関連とは正確にはどのようなものなのか？　わたしの思うところでは、物理主義者が(ii)を受け入れるもっともわかりやすくはっきりした理由は、物理的領域の因果的閉包性という、先ほど少しだけ姿を現した考え方へのコミットメントにある。因果の物理的閉包性の原則のひとつの立て方は、何か物理的出来事を取り出してその因果的祖先または子孫を追跡しても、物理的領域の外側へ連れ出されることは決してない、というものである。すなわち、いかなる因果連鎖も、物理的なものと非物理的なものの間の境界を越えることは絶対にない。デカルトの相互作用二元論はこの原則に明らかに違反している。あなたがもしこの原則を斥けるならば、物理学の原則上の完成可能性を、すなわち、すべての物理的現象の完全かつ包括的な理論の可能性を事実上斥けたことになるのである。というのも、あなたは物理的領域の完全な説明理論が非物理的な因果的動作主を援用しなければならないと述べていることになるからである。存在するあらゆるものの完全な物理的説明などは重要ではない。物理的なものすべてについての完全な物理的説明などありえないのである。真摯な物理主義者ならそのような見込みを受け入れることはできないと仮定したほうが安全である。

さて、心身スーパーヴィーニエンスが破綻するなら、すなわち、心的領域が物理的領域に固定されることなく自由に浮遊するならば、心的なものから物理的なものへの因果性は明らかに因果の物理的閉包性を破るだろう。心身スーパーヴィーニエンスは、一連の物理的条件を与えることによってそれぞれの心的現象を物理的領域に根づかせるのであるが、それらの物理的条件とは心的現象にとって法則論的に十分であり、その発生を左右するものである。適切な物理的基本条件が存在していなければいかなる心的現象も起こりえず、いかなる心的性質も例化されえないというテーゼは当然の帰結である。すべての心的出来事は、痛みやかゆみのような感覚であれ、信念や欲求のような志向的状態であれ、物理的基盤をもたねばならない。心的出来事が発生するのは適切な物理的基盤が存在しているからで、そのような基盤が存在しないならばそれは発生しないだろう。[20] これらのコメントは、実現というものを用いて話をしたいと思ったときにも当てはまる。その物理的実現者のひとつが例化されるがゆえに、そして、それだけの理由で心的性質が例化されるならば、心的発生は同じように物理的発生に依存するのである。

いずれにしても、心身スーパーヴィーニエンスは心的現象を物理的なものの範囲内にもたらす。物理的なものは心的なものを決定づけ、その意味で心的なものは、因果的影響力を外側から物理的領域に注ぎ込む、存在論的に独立な領域を構成するのではない。いまや、心身スーパーヴィーニエンスが、心的因果に物理的因果の閉包性の制約を巧みに回避させるのに十分なほど、心的なものを物理的なものに近づけられるか否かというのがもうひとつの問題である[21]。しかしここではこの問いを迂回することができる。なぜならその答えが「ノー」ならば、そのことは心身スーパーヴィーニエンスが心的なものの物理的なものによる因果的排除問題の解決を与えるのに十分ではないことを示すに過ぎないからである。けれども、スーパーヴィーニエンスには潜在的にもっと深刻な問題がある。心身スーパーヴィーニエンスそれ自体が問題の根源かもしれないのである。すなわち、心身スーパーヴィーニエンスは、フォーダーやホーガンやその他大勢が望んだように解決の一部となるどころか、問題の一部であるという結果になる。これからその可能性を追究してみよう。

(iii)　心的性質Mの実例が別の心的性質M^*を例化させたと想定せよ。

しかるにこれは心対心の因果性の事例であり、心的性質の実例が別の心的性質の実例を惹き起こす事例である。性質の「実例（instance）」や「例化（instantiation）」は、出来事や状態、または現象と見なしてよい。話を簡略にするために、ある性質が別の性質を惹き起こすという言い方をしばしばすることになるだろう。[22] この言い方は、前者の実例が後者の実例を惹き起こすという意味であると理解できる。われわれの論証に戻ると、スーパーヴィーニエンスの前提である(ii)が、

(iv) M^*は物理的基盤P^*をもつ。

を与えることがわかる。今やわれわれは次の決定的な問いを投げかける。このM^*の事例はどこからくるのか？　M^*はこのときいかにして例化されるのか？　一見したところ、検討に値する二つの答えがある。

(v) M^*がこのとき例化されるのは、(a)仮定により、MがM^*を例化させたからである、(b)M^*の物理的スーパーヴィーニエンス基盤であるP^*がこのときに例化されているからである。

あなたがたがわたしと同じようにこれら二つの答えに真の緊張を見て取ってくれればよいのだが。心身スーパーヴィーニエンスの仮定のもとでは、M^*が発生するのはそのスーパーヴィーニエンス基盤であるP^*が発生するからで、P^*が発生する限りでは、M^*は他のどの出来事がこのM^*の実例に先立とうと

も、とくにMの実例がそれに先立つか否かに関係なく発生するはずだ。このことはMがM^*の原因であるという主張を危険にさらす。P^*のみでも十分にM^*の発生の原因となり、説明となりうるように思われるのである。[23] P^*や、M^*の別の基盤性質が存在している限り、それは無条件にM^*の存在を保証し、このときそのような基盤が存在しなければ、M^*もまた存在しえない。この場合、あるものがM^*の因果性において役割をもてるただひとつの方法は、それとM^*のスーパーヴィーニエンス基盤P^*との関係を経由するものでなければならないだろうし、わたしが理解できる限りでは、MがM^*の原因であるとする主張と、M^*がそのスーパーヴィーニエンス基盤としてP^*をもつという事実とを折り合わせるただひとつの方法は、以下を認めることである。

(vi)　MはP^*を惹き起こすことによりM^*を惹き起こした。そのようにしてこのMの実例はこのときM^*を例化させた。

これに関係するもっともらしい一般原則があるだろう。その原則はたとえ(v)に緊張を見出さなくても、それだけで(vi)を正当化するのに十分な原則である。そしてその原則とはこれである。スーパーヴィーニエンス性質を例化させるためには、その基盤性質（または基盤性質のうちのひとつ）が例化されるようにしなければならない。頭痛を和らげるにはアスピリンを服用するだろう。つまりあなたは頭痛がスーパーヴィーンするところの脳過程に因果的に介入するのである。頭痛に対処するにはそれしかない。あなたの絵画をより美しく、表現豊かに、劇的にするには、その絵画に物理的な働きかけを行い、それによってあなたが改善したいと思っている美的性質の物理的スーパーヴィーニエンス基盤を変えなければならない。あなたの絵画を直接により美しくしたり美しくなくしたりする方法はない。絵画を美的に変化させたいならば物理的な変化をさせなければならず、それ以外に方法はないのである。

　だが、(vi)が述べていることに注意しよう。それは、心的性質Mが物理的性質P*を例化させるということを述べている。これはもちろん、心的なものと物理的なものとの因果性の事例である。ゆえに、ここまででわれわれの論証が示したのは次のことである。つまり、心身スーパーヴィーニエンスの仮定のもとでは、心的なものと心的なものとの因果性は、心的なものと物理的なものとの因果性を含意するか、または前提する、ということである。よって、われわれが今直面している問いは、心的なものと物理的なものとの因果性を理解できるかどうか、すなわちそれを心身スーパーヴィーニエンスの前提のもとで理解できるかどうかなのである[24]。

　(vi)に戻ろう。心身スーパーヴィーニエンスを仮定すると、

(vii)　M自体が物理的スーパーヴィーニエンス基盤Pをもつ

ということが帰結するのを見た。今やP*に関する因果的身分についてMとPを比較しなければならな

い。この点をよく考えると、MはP*の原因であるという主張をPが先回りして無効にすると考える理由がわかり始めるのではないかと思う。因果性を法則論的十分性に基づくものと見なすならば、PはP*の原因としての資格がある。なぜなら、PはMにとって十分でありMはP*にとって十分なので、PはP*にとって十分だからである。因果性を反事実的条件法によって理解することを選ぶなら、再びPにその資格があると考える十分な理由がある。Pが起こらなかったらMは起こらなかっただろうし(このとき代わりとなるいかなるMの物理的基盤も利用できないと偏見ぬきで仮定してよい)、Mが起こらなかったらP*は起こらなかっただろうとするなら、Pが起こらなかったらP*もまた起こらなかっただろうという結論するのは理にかなっている。[25]

そのとき、われわれのまわりには原因がありすぎるように思える。MとPはそれぞれともにP*の十分な原因となる資格がある。そして、Mを因果的つながりの中継ぎにして、PからMそしてP*への因果連鎖を含むものとしてこの状況を考えることによって因果的過剰決定の恐れを回避するのは不可能である。というのも、PからMへの関係を因果関係として考えるのはあまり適切ではないからである。一般に、基盤性質とスーパーヴィーンする側の性質の関係を因果的であると解釈するのは適切とはいえない。[26]第一に、関係づけられる性質の例化はまったく同時である一方、原因は普通はその結果に先立つと考えられている。第二に、スーパーヴィーンされる性質とスーパーヴィーンする性質の間に中間的なつながりを介した因果連鎖を想像するのは困難であり、おそらく筋が通らないだろう。どんな中間的段階が絵の美しさとその物理的性質を結びつけるのか？　どんな中間的出来事が心的出来事とスーパーヴィーンされる物理的基盤を因果的に結びつけられるというのか？　そのような媒介物自体が心的あるいは物理的なのだろうか？　さらに、今の場合だと、因果連鎖アプローチは、MをP^*の非物理的原因と見なすとき、物理的領域の因果的閉包性に違反するだろうが、それはあらかじめ物理主義者には封じられた選択肢なのである。

また、MとPがともにP^*の単一で十分な原因を構成すると見なすのも、説得力があるとは思えない。これには二つの理由がある。第一に、PだけでP^*には因果的に十分であり、Mもまたそうである。MのみのときやPのみのとき以上の因果的な力を、どうしたらMとPとに合わせて担わせることができるか理解しがたい。第二に、このアプローチが説得力をもつのは、それがMをP^*の因果性における必然的構成要素であると主張する場合に限られ、状況を因果連鎖として見る提案の場合と同じように、このことはそのアプローチが因果の物理的閉包性への違反に関わることを意味する。このときなぜP^*が例化されるのかの完全な因果的説明は、Pに加えて非物理的な因果的動作主Mの存在に言及しなければならないだろうからである。

そして、最終的には、これを単純に因果的過剰決定の事例と見なすことはできない、つまり、P^*の実例が因果的にPとMという二つの十分な原因であるということによって、因果的に過剰決定されていると見なすことはできない。それが心的因果のあらゆる事例を過剰決定の事例にするという信じがたい帰結を別にしても、このアプローチは二つの困難にぶつかる。第一に、物理的原因をあらゆる心的原因の代わりに利用できるようにすると、それは物理的原因はともかく心的原因を不要とするように見える。第二に、そのアプローチは因果の物理的閉包性と対立するかもしれない。物理的原因が発生せず、それ以外の点では可能な限りわれわれの世界と似ている世界を考えてみよう。過剰決定アプローチの述べるところでは、そのような世界においては、心的原因は物理的出来事を惹き起こす、すなわち物理的領域の因果的閉包性の原則はもはや成り立たない。われわれがこの帰結を受け入れられるとは思わない。そのような最小限の反事実的仮定でさえも世界の大幅な変化につながることがあるのだ。

その状況のもっとも自然な見方はこうだろうとわたしには思われる。

(viii)　PはP*を惹き起こし、MはPにスーパーヴィーンし、M*はP*にスーパーヴィーンする。

これはM実例とM*実例の間に観察される規則性と、M実例とP*実例の間の規則性を説明する。[27] これらの規則性は決して偶然ではない。明白な意味でそれらは法則に基づいており、適切な反事実的条件文を支持することとさえできるだろう。しかし、もし一方の生産的で生成的な本当の因果過程と、他方の、実際の因果過程に寄生しているがゆえに観察される非因果的な規則性との間の違いを理解するなら、われわれは(viii)で推奨されている描像を理解する立場にある。想定されたM—M*因果の場合には、状況はむしろ走行中の車によって投げかけられた一連の影に似ている。ある瞬間の車の影とその次の瞬間の影の間には因果的関連はないが、それぞれは走る車の結果ではある。走る車は実際の因果過程を表しているが、それが投げかける一連の影は、どれほど規則的で法則類似的であっても、因果過程を構成しない。(28) ゆえにこのことが出てくる。

(ix)　MとM*との因果関係と、MとP*との因果関係は見かけ上のものに過ぎず、PからP*への本当の因果過程から生じたものである。

そこからディレンマが生じる。

(x)　心身スーパーヴィーニエンスが破綻すれば心的因果は不可解である。もしそれが成り立つなら、心的因果はまたしても不可解である。ゆえに心的因果は不可解である。

このとき、これは心的因果への反論となるスーパーヴィーニエンス論法であり、あるいは物理主義者に対するデカルトの報復である。スーパーヴィーニエンス論法は、物理主義がそれ自身のために置いた制限の内部で心的因果が可能であることに疑問を投げかけることで物理主義に深刻な挑戦をしかける。デカルトの困難は心的実体と物質的実体の二元性から生じた。現在主流である物理主義は、それ自体「非還元的物理主義」と呼ばれるが、心理的性質と物理的性質の二元性にコミットするがゆえに、あるいは心理的性質に還元主義的なコミットをしないがゆえに、デカルトの立場と同様の困難に見舞われる。スーパーヴィーニエンス論法を成功させる暗黙の仮定が、心身の反還元主義であることは明らかだからである。心的性質が適切な方法で物理的性質に還元可能であると見なされれば、われわれはその論法を弱められるのではないかと期待するだろう（もちろん細部を練る必要はあるが）。

ここまでの論証について、こういうよい質問が出てくる。同じ論証は、基礎物理的性質にスーパーヴィーンしているすべての性質がエピフェノメナル（随伴現象的）であること、そしてその因果的効力は不可解だということを示すのではないだろうか？　しかし、たとえば地質学的性質が基本的な物理的性質にスーパーヴィーンすると考える十分すぎるほどの理由があるように思われるし、心身スーパーヴィーニエンスが心的因果を窮地に陥れることが示せるなら、まさにそれと同じ考察が地質学的性質に対して同じように当てはまらないだろうか？　だが誰も地質学的因果性を心配しているようには見えず、確かに心配しはじめる理由もない。もしそうなら、前節の論法にどこかまずいところがあるに違いないという結論にならないだろうか？(29)

わたしは残り二つの講義でこの問いを詳しく扱うつもりだ。だがわたしの見るところでは、ここでの問題の核心はこれである。地質学的性質や生物学的性質のような性質について、われわれは直観的にはなおのこと、基礎物理的性質に関する還元主義的な描像をすすんで認める気になる。このことは、反還元主義が全般にわたるもので、低次のものと関係してすべてのレベルで成り立ち、地質学的および生物学的性質は心的性質と同じく基礎物理的性質には還元できないとはっきり主張している哲学者にとってさえ当てはまると思う。心的性質以外のこれらの「高次の」物理的性質についてよりも心的性質について、彼らの反還元主義が正しいということもありうるのだ。

還元主義的解決法は後の講義で取り上げることにする。ここからは、われわれが構築した論法からの攻撃を直接こうむるように思われるいくつかの実際の哲学的立場の考察に移ろうと思う。

3　サール、フォーダー、スーパーヴィーニエンス論法

これから、二人の著名な心の哲学者による最近の提案が、明らかにスーパーヴィーニエンス論法に屈するものであることを示したいと思う。『心の再発見』[30]において、ジョン・サールは自らが「生物学的自然主義」と呼ぶ立場が正しいとする論拠を示している。それは大まかに言えば、心的現象はその主観性と質的性格にもかかわらず自然の生物学的現象であり、原則として消化や生殖活動といった現象と違わないという見解である。とりわけ、サールは心的現象は生物学的現象によって、おそらく脳における神経過程によって惹き起こされるのであり、このことが心的現象を「脳の特徴」たらしめるのだと主張する。サールはしばしば「スーパーヴィーニエンス」や「創発」という用語を使うが、それらに非常に特異な因果的解釈をほどこしており、他の者なら心的現象はその基礎をなす神経上の基盤にスーパーヴィーンするとかそこから創発するとか言うところで、サールは心的現象はこれらの低次の過程によって惹き起こされると言うであろうことは明らかである。

サールは心の実在論者であり、心的なものの因果的効力を、特に意識の因果的な力の存在を信じて

いる。彼によれば、「意識はあらゆる種類のことを行い」、そして「意識は有機体が世界に働きかけ、世界において結果を生じさせることを可能にする」[31]。たった今指摘したことだが、サールはスーパーヴィーニエンス的用語の代わりに因果的用語を用いており、彼ならば心的性質とその基礎にある神経上の相関物との関係を、（標準的な意味での）スーパーヴィーニエンスや創発ではなく因果性によって記述するだろう。しかしながら、このことによって、サールがスーパーヴィーニエンス論法によって課されるディレンマから逃れられるわけではないことを理解するのは困難ではない。心的性質Mの実例が別の心的性質M*を例化させるとしよう。サールが呼ぶところによれば、それは「左から右へ、ミクロからマクロへ」の実例である[32]（これはスーパーヴィーニエンス論法のステップ(iii)に相当する）。サールの生物学的自然主義によれば、心的現象はどれも神経生物学的現象によって惹き起こされ、これはこのM*の実例が神経的性質であるP*（の実例）によって惹き起こされるという意味である（ステップ(iv)）。われわれは今やこのように問わねばならない。このM*の実例はどこから来るのか？　M*はこのときどのようにして例化されるのか？

そして再び、われわれは二つの答えを得る。(1)仮定により、M*がMによって例化させられた、(2)サールの生物学的自然主義に従い、M*は神経的性質P*によって例化させられた。あたかもM*の実例は因果的に過剰決定されているかのように見え、このことはすべての心的現象に一般化される。心的なものと心的なものとの因果性のあらゆる事例を因果的過剰決定の実例にすることなしに、(1)と(2)を調和させる説得力のある筋書きをわれわれは明らかに必要としている。ここからはわれわれはほとんど手直しなしで先に発展させたのと同じ論法を進めることができる。

この種の論法にサールは次のように答えた。[33]

これは過剰決定を含意するのか？　まったくそんなことはない。同じシステムは様々なレベルで記述されている……手短に言えば、同じシステムには様々なレベルで異なる記述の余地があり、それらはすべて整合的であるが、そのことは過剰決定も因果的閉包性の不首尾も含意しない。

今、わたしが痛みを感じるという意識をもっていると想定しよう。これはニューロンの興奮パターンによって惹き起こされ、そのニューロンの体系において実現される。痛みがアスピリンを服用したいという欲求を惹き起こすとしよう。その欲求もまたニューロンの興奮に惹き起こされ、ニューロンの体系によって実現される（中略）わたしは自分の痛みが自分の欲求を惹き起こしたとも言えるし、ひと続きのニューロンの興奮がもうひと続きのニューロンの興奮を惹き起こしたとも言えるのは間違いない。これらは、異なるレベルで与えられた同じシステムの、二つの異なってはいるが整合的な記述なのである。

サールによれば、そのときわれわれは過剰決定を恐れることなく、次のことすべてを断言できる。

(1) M（痛み）が M^*（アスピリンを服用したいという欲求）を惹き起こす、(2) P（ひと続きのニューロンの興奮）はP*（別のひと続きのニューロンの興奮）を惹き起こす、(3)PはMを惹き起こす、そして(4)P*はM*を惹き起こす。このことはまったく問題ないとサールは請け合う。というのも(1)と(2)は「異なるレベルで与えられた同じシステムの記述」だからである。これは確かにその状況についてもちうる見解である。だが、サールがその見解をもてるのか、またもちたいと望むべきかどうかはまったく明らかではない。なぜなら、「痛みはアスピリンへの欲求を惹き起こす」と「神経興奮Pは神経興奮P*を惹き起こす」とが同じ状況についての記述[34]であるという主張に説得力があるのは、「痛み」と「神経興奮P」が同じ現象の（「異なるレベル」での）記述であると述べる用意があるときだけだからであり、「アスピリンへの欲求」と「神経興奮P*」についても同様である。すなわち、痛み＝神経興奮P、そしてアスピリンへの欲求＝神経興奮P*だと述べるのを厭わない場合に限られるのである。

　わたし自身について言えば、これが信じがたい動きだとは思わない。実際、この種の何らかの形の還元主義は、心的出来事が物理世界において真の因果的役割をもとうとするなら、おそらくただひとつの実現可能な見解であるということになるだろう。しかしサールに戻ってみよう。この種の心理神経的（psychoneural）同一性が、神経興奮Pが痛みを惹き起こし、神経興奮P*がアスピリン欲求を惹き起こすというサールの主張を危うくするのは明らかだろう。これらの因果的主張が成り立つなら、「痛み」と「神経興奮P」は同じ現象の記述ではありえず、それ以外の組み合わせについても同様である。もちろんサールはこれらの記述は「異なるレベル」のものだと述べてはいる。けれどもそれが何を意味しうるのか？　それでどういう違いが生じるのか？　サールは、心身関係についての自らの中心的主張を理解可能で整合的なものにするために、合理的な存在論と因果性の言語を提案する必要がある。さらに、そしておそらくこちらのほうが重要であるが、痛みの話と神経興奮の話がまさに同じ現象についてであるが異なるレベルでのものに過ぎないという見解が、いかにして心的なものの「主観的存在論」や意識の還元不可能性というサールの学説と折り合うのかはまったく明らかでない。しかしこれらはここで気にかける問題ではない。

さて、フォーダーに戻ろう。心的なものの因果的効力を擁護しようとする最近の論文[35]で、彼はこう書いている。

> 現在の見解によれば、基礎科学の法則において予測される性質には因果的能力があり、特殊科学の法則で予測される性質もまたそうである……とくに、たとえ特殊科学の話の対象になる性質が基礎科学の話の対象になる性質にスーパーヴィーンしているとしても、そのことは特殊科学の語る性質がエピフェノメナルだと論じているわけではない点に注意せよ。

スーパーヴィーニエンス論法の重荷とはまさしく次のことである。すなわち、特殊科学的性質の基礎科学的性質へのスーパーヴィーニエンスは、特殊科学的性質がエピフェノメナリズムに脅かされるという結論を支持する論拠を与えるのであり、少なくともそう信じてよいということなのだ。しかしなぜフォーダーは、われわれがスーパーヴィーニエンスと特殊科学性質の因果的効力の両方にいい顔ができるとそれほどまでに確信しているのか？　上に引用した一節はこのように続く。

> 少なくとも、特殊科学の因果法則が存在するなら、特殊科学的性質がエピフェノメナルだということにはならない。特殊科学の因果法則と基礎科学の因果法則は両方とも因果的能力の帰属を正式に認可するという共通点をもつのである。

われわれは特殊科学の法則が存在するというフォーダーの主張を受け入れることができる。その法則とは「F出来事のあとにG出来事が規則的に続く」という言明に法則に適した様相の力が備わったものであり、ここではFとGは特殊科学における性質または種である。そして、これらの法則は反事実的条件文を支持し、予測の道具としての役割を果たし、そして実用的な説明を生み出しさえするかもしれない[36]。だが、これらは因果法則であるのか、「F出来事は、性質Fの例化であることによりG出来事を惹き起こす」という形の法則であるのかどうかが問題である。そしてこの問いはわれわれをそのままスーパーヴィーニエンス論法に逆戻りさせる。この論法の重圧が満足のゆく形で取り除かれるまでは、われわれには特殊科学の法則をそれ自体の資格において因果法則として解釈する権利はないからだ。

4　二階の性質についてのブロックの気がかり

闘牛士のマントは牛を挑発する（ということらしい）。つまり、マントは牛を怒らせる。けれども、マントの挑発性も、つまり怒りを惹き起こす何らかの性質をもつという「二階の」性質もまた牛の怒りの原因なのか？　セコナール錠のある化学的性質はあなたを眠らせる。その錠剤はまた、催眠性すなわち人を眠らせる何らかの性質をもつという二階の性質もまたもっている。手短に言えばそれは「睡眠薬」なのである。錠剤そのものの催眠性もまたあなたを眠らせる原因であるのか？

最近の論文で[37]、ネッド・ブロックはそのような問いを気にかけており、これらの気がかりを吟味することは、スーパーヴィーニエンス関係のような実現関係がいかにして心的因果の問題につながりうるかを知るよい方法であると思う。ともかく、ブロックがこれらの問いを気にかける理由はこうである。彼はそれらへの正しい答えが「ノー」である（すなわち、マントの挑発性は、その赤さと同じくそれに加えて牛の怒りの原因なわけではない）と考えており、彼が好む心的性質の機能主義的な考え方では[38]、心的性質もそれと同じ運命にある。それらもまた、ある因果的特定化条件を満たす何らかの性質をもつという二階の性質なのだ。機能主義の説明では、痛みを感じるということは、顔をしかめたり叫んだり、手足を引っ込めたりというようなものを惹き起こす何らかの、おそらく神経生物学的性質を例化した二階の性質である。もしそうなら、痛みそのものは、その神経上の実現者と同じくそれに加えてしかめ面や叫びの原因と考えられるのだろうか？

ブロックの気がかりに確かな根拠があるならば、機能主義者は非常に困ったことになる。心的性質は因果的力の欠如に脅かされるだろうし、出来事がある心的な種（たとえば痛み）に属するという事実は、どのような結果を惹き起こそうともそれとは何の関係もないことになるだろう。端的に言えば、機能主義はある形のエピフェノメナリズムということになるかもしれず、認知科学を自律的な特殊科学であるとし、高次の形式的―抽象的な認知レベルでそれ独自の法則に基づいた因果的説明を作り出す標準的（公式）見解は今にも崩壊寸前である。これこそまさに機能主義によって刺激され推進されてきた認知科学の概念であるという事実は皮肉である。とりわけ、その機能主義というのが、認知科学によって研究された性質は二階の性質であり、それらの性質を実現する認知システムの根幹をなす物理的・生物学的細部から抽象化されたものであるという見解であることは皮肉である。

だが、マントの挑発性がその赤色に加えて牛の怒りの原因だと言うことが誤りであるように、あるいは少なくとも奇妙に思われるのはなぜだろうか？　ブロックは二つの一応の理由を理解しているが、深刻だと見なしているのはそのうちのひとつだけである。第一にブロックにとって深刻な理由のほうを見てみよう。マントが（牛に関して）挑発的であることは、定義により、それが牛を怒らせる性質をもつということである。このことから、それぞれの因果帰属が分析的に、または定義的になるように見えるが、他方でわれわれはそのような帰属が偶然的かつ経験的であればよいと思っている。この論点には後で戻る。第二に、ブロックがとうとう深刻には受け止めることのなかった論点である。マントの挑発性をその色と同様に原因と見なすことは、一見したところ原因の過剰、つまり因果的過剰決定につながる。牛の怒りはマントの色とその挑発性という二つの個別の原因をもつからである（スーパーヴィーニエンス論法での(vii)から(viii)にかけての動きとの並行性に注目しよう）。

しかし、ブロックはなぜ原因の多重性を実質的問題と考えないのか？　彼は「われわれは、他の条件が同じなら、偶然性を要請するのは間違いであるがゆえに、普通は過剰決定を受け入れない[39]」と述べている。因果的過剰決定の典型的な事例と違い、マントが赤さと挑発性という二つの性質をもつというのは偶然性の事例ではない（おそらくその挑発性は赤色であることに依存するだろうから）という点ではブロックに同意できる。だが、ブロックはなぜこのことが問題を無害化すると考えたのか明らかではない。おそらくブロックの論法では、標準的な過剰決定の場合、過剰決定する原因は独立した出来事、それぞれは因果的に十分で単一の結果へと収束してゆく、二つかそれ以上の独立した因果連鎖である。それに比べて、マントの色とその挑発性の場合は、われわれは明白に二つの独立した原因をもつわけではない。挑発性の例化は、二階の性質として、赤色の例化に依存する。だが明らかでないのは、なぜこのことが困難を払拭するかである。マントの色が、それ自体またそれのみで怒りの十分な（少なくともその状況において十分な）原因ならば、挑発性にはそれ以上のどんな因果的働きが残されているのか？　マントの挑発性は、怒りが惹き起こされるときにどのようなそれ固有で特別な寄与をすることができるだろうか？　何もない、というのがその答えであるのは明らかだ。マントの色が十分な原因ならば、その挑発性やそれ以外のものには付け加えるべき因果的働きは何も残されていないのである。[40] そのとき、二階の性質にもその実現者の上にさらに因果的効力があると見なすならば、排除問題という実質的問題が存在することが明らかになるだろう。これは驚くべきことではない。というのも二階の性質は、したがって機能的性質として解釈された心的性質もだが、一階の実現者にスーパーヴィーンするからである。原因であるとされる二つのものが何らかのしかたで、たぶん一方が他方に依存するという形で関連しあうのだろうと認めれば排除問題が消えてなくなるわけではない。それらが別個の出来事と見なされ、それぞれが単一の出来事に対する十分な原因であると主張する限り問題は残るのだ。この事例を過剰決定の事例と評することで、おそらくブロックにとって問題点が不明瞭になってしまった。おそらくこのために彼は、問題を解決するためには目下の事例が因果的過剰決定の標準的な事例ではないことを示せば十分だと考えるに至ったのである。しかし、われわれの問題は原因の過剰と関係があるにしろ、正確には因果的過剰決定の問題ではない。われわれの直面する問題が、原因とされる二つのものが独立した出来事ではないがゆえに生じるということを理解することが大切である。困難はまさしく、依存する出来事の因果的身分が依存される出来事によって脅かされるということなのである。したがって排除問題は、同じ一つの出来事の多重原因としてのマントの色と挑発性のような事例に大いに満ちあふれているのだ。[41]

　心的性質が因果的役割によって定義された二階の性質と見なされるときに、ブロックが心的性質の因果的効力に生じる実質的問題の位置づけを誤ったのにはこういう理由があったのだとわたしは思う。わたしは誤りだと思うが、彼が分析性の問題を主たる困難と見なしていることは、われわれが受け入れるべきだと彼が信じるエピフェノメナリズムに課す重要な条件にも見てとれる。彼のエピフェノメナリズムは結局このようなことだけである。

ブロックのエピフェノメナリズム　二階の性質は、性質Kを惹き起こす何らかの性質をもつという性質として定義されるならば[42]、Kに関してエピフェノメナルである。

たとえば痛みは、しかめ面やうめき、逃避行動を惹き起こすのに適した状態と定義されれば、しかめ面やうめきや逃避行動の原因とは考えられないが、おそらく別の種類の因果的な効果をもたらすことができるだろう。実際にもブロックは、セコナールの催眠性は、その性質（自体）が眠りを惹き起こす力をもつわけではない[2]ことが一般に認められているにもかかわらず、他の種類の結果をもつこともできると述べる。なぜなら、彼によれば、錠剤の催眠性は服用者がガンにかかるのに因果的に十分だという効果をもたらす法則がありうるからだ[43]。しかし、すでに明らかなように、こうしたことが起こりうるのは催眠性の化学的実現者それぞれがガンを惹き起こした場合に限られる。催眠性がそれ自体として、その実現者とは独立にガンやそれ以外のものをどうやったら惹き起こせるのかは理解しがたい。ここまでの話をまとめるならば、次の原則がかなり信頼性があることがわかる（他のところでわたしはこれを「因果的継承原則（the causal inheritance principle）」と呼んだことがある）[44]。

あるときに二階の性質Fが一階の性質Hによって実現されるならば（すなわち、Fの実現者のひとつであるHがあるときに例化されるという事実によってそのときにFが例化されるならば）、このFの特定の実例がもつ因果的力はH（またはHのこの実例）の因果的力と同一である（またはその補集合である）。[45]

というのも、このときのFの例化とは、その実現者Hの例化に他ならないからだ。これが成り立つなら、Fのこの実例がHのそれを超えて因果的力をもつと考えることは魔法を信じるのも同然である。われわれが二階の、高次の性質を一階の性質の一定の蓄えから定義すると、どういうわけか新しい因果的力が魔術的に具現するのである！

分析性問題は機能的性質、つまり因果的特定化条件によって定義された二階の性質についてのみ生じ、すべての二階の性質に生じるわけではないことに注意してほしい。だが排除問題は、すなわち一階の実現者がそれらが実現するところの二階の性質の因果的権利を先取する恐れは、もっぱら全般的なものである。それは機能的であろうとなかろうとすべての二階の性質について生じる。ブロックをはじめわれわれにも、機能的心的性質のエピフェノメナリズムをそれだけで（*tout court*）、心配する理由があり、その心配は機能的な心的性質がそれに基づいて定義されるところの結果に関わるだけではないのだ。

先に提示されたスーパーヴィーニエンス論法は、機能的性質として解釈された心的性質に、すなわち因果的特定化条件により定義された二階の性質にどのようにして適用されるのか？　その論法がそのような性質の因果的効力を窮地に陥れるのは明らかである。あるMの実例がM^*の実例を惹き起こすとしよう。このとき、M^*は一階の物理的性質P^*によって実現されていると仮定しよう。そしてこう尋ねよう、M^*はこのときどうやって例化されたのか？　そして再びわれわれは二つの答えを得る。(1)MがM^*を惹き起こしたから、そして(2)P^*がM^*を実現したから。これは一見したところの緊張を作り出す、などなど。けれども、その論法はかなりのところより直接的となり、そのインパクトはより顕著となることに注意しよう。このMの実例はP^*を例化させる（それによりM^*を例化させる）と述べることによって件の緊張を緩和しようとするときに、われわれはこのことが因果的継承原則に照らせばどういう意味になるのかをよく考えなければならない。この原則では、われわれのMの実例はその因果的力のすべてを、このときMを実現する一階の性質から受け継ぐと述べられており、この一階の性質とはPである。ゆえにこのM実例がP^*実例を惹き起こすと主張できるのは、Pのこの実例がそれを惹き起こす限りにおいてであり、またそのときに限ってのみなのである。それに、M実例を、それを実現するP実例に加えてP^*実例の原因として黙認するようわれわれを動かすものが何なのかはまったく不明瞭となる。

この点においてわれわれはいくつかの選択を迫られる。特に、M実例をP実例と同一視せよという重圧はほとんど抗しがたく、少なくともこれには二つの理由がある。第一に、すでに見たように、まさしく二階の性質とその実現者という考え方が、二階の性質の例化とはその実現者のひとつの例化以外のものではありえないと思いたい気持ちを強く生じさせる。Mがあるときに例化されるということは、その実現者のうちのひとつが例化されることであり、このときMを実現するのはPだからである。第二に、M実例の因果的な力がそれを実現するP実例のそれと同一ならば、ここにひとつの出来事ではなく二つの出来事があると考えるどんな理由をもつことができようか？　性質についての説得力のある見解によれば[46]、因果的に関連する、または因果的効力のある性質のみが性質を個別化すると見なされるべきであり、因果的性質に関して識別不可能な出来事がそれでも別個の出来事であるというのは少なくとも非常に疑わしい[47]。

その場合これは心身還元主義への重圧が生じるひとつの形である。後の機会に、われわれは還元主義の問題をより詳しく検討することになろう（第四章）[48]。

第三章　心的因果――抵抗と無料ランチ

心的因果の問題は心身問題と同時期のものである。デカルトがそれらを両方とも作り出したのであり、少なくともそれらを招いた責任があった。デカルトにとって、心的因果が問題になったのは、それも最終的に乗り越えられない問題となったのは、二つの根本的に別種の実体の、すなわち、空間にかさをもつことを本質とする物質的身体と意識をもつことを本質とする心についての存在論のためである。デカルトはあまりに多くのものを望んで自ら困難を招いたというのが西洋哲学のよく知られた言い伝えである。彼は心的実体と物質的実体との鮮明な二元論的存在論だけでなく、二つの領域にわたる密接な因果的交渉をも望んだのである。周知のように、デカルトの同時代人の多くは、彼らがデカルトの立場の致命的欠陥と見たものをただちに批判した。それほど異質な実体が、一方は空間に延長していて他方は本質的に空間的性質を欠いている実体がどうやって相互に因果的影響を及ぼして、またはデカルトの言葉で言えば「混ざり合って」われわれが人間と呼ぶ「統一体」を形成できるというのか？

過去二十年ばかりの心の哲学の驚くべき発展のひとつは、心身問題の復活であった。といっても、表舞台からは事実上消え去った類の実体二元論の問題としてではなく(1)、心について真剣に考えたいと切に望んだ物理主義者を脅かすものとしてである。それに、デカルトの心身問題と現代の心身問題についての議論の生じ方の間には、教訓的な並行性がある。前日の講義で見たように、その後の心的因果の問題は多くの様々な形や方向をとってきたにしろ、はじめに心的因果についての目下の気がかりの発端となったのはデイヴィドソンの非法則的一元論だったからである。デカルトが心と物質とを峻別したのを思い起こさせるしかたで、デイヴィドソンは心的現象を本質的に物理的現象とは別個ののと見なした。彼によれば、心的なものは本来は規範的で、合理性の原則に規制されているが、他方これらの規範的制約は物理的領域に入り込む余地がない。心的なものと物理的なものとのこの本質的な違いはデイヴィドソンが「心的なものの非法則性」を論じるために不可欠の前提である。心的なものの非法則性とは、心的領域には「厳密な」因果的・予測的法則は存在せず、とくに心的現象を物理的現象と結びつける法則は存在しないという主張である(2)。それでもなお、デイヴィドソンはデカルトと同様、彼の心の理論のもうひとつの基本的構成要素として、心的なものと物理的なものの間の因果的相互作用を望んだ。それは彼が非法則的一元論を導き出した三つの基本的「前提」のうちのひとつである。相互作用二元論に対するデカルトの同時代人からの反応を思い起こさせる点で興味深いことに、またしてもデイヴィドソンの批評家や注釈者たちは、ただちに心的な性質と物理的な性質の二元論を批判し、非法則的一元論は出来事の心的性質の因果的関連性をなきものにしてしまうといっせいに論じだした。(3) デカルトとデイヴィドソンの唯一の違いは、前者にとって困難を惹き起こしたのは実体二元論だったが、後者にとっては性質二元論だったということである。どちらにおいても、批判者たちが目にした困難は、心身因果をそれぞれが採用した二元論と整合させることはできないのではないかという、深刻であり十分な根拠のある疑念から生じたのである。

デイヴィドソンの非法則的一元論の後に続いた心的因果についての議論は、物理的性質に比べての心的性質の因果的効力または因果的関連性にかかわるものだった。その際、この新たな問題はデイヴィドソンの非法則的一元論を越えて広がり、心脳同一説とより広い意味で還元的タイプ物理主義が衰退して以来の通説となっていた、すべての形の非還元的物理主義や性質二元論に当てはまると見られていた。根底にある問いはまたしても常に次のようなものだった。心的性質が物理的に還元不可能でそれは物理的領域の範囲外にとどまるならば、物理的領域が因果的に閉ざされている場合に、いかにしてそれは物理的領域において因果的な力を行使し、何らかの種類の因果的関連性を享受できるのか？

哲学的問題として心的因果が再登場したことに対する、何人かの哲学者からの反応のひとつは、その反応はかなりの支持を得たものであるが、実際にはそのような心配に値する「問題」は存在しないと論じることでそれを解消しようとしたり、少なくとも哲学的には重要ではないと思わせようとしたりするものである。心的因果についての心配はわれわれの哲学的優先順位のつけ違いから生じる、動機のない形而上学的仮定や論証にのめりこみ過ぎるのは不必要な心配のもとである、因果性の論理や形而上学の誤解が見かけ上の困難の中心にある、形而上学にではなく説明や説明実践に心的因果の問題への手引きを期待すべきだ、心的因果に問題があるならすべての特殊科学を含むマクロレベル因果一般に、たとえば生物学的因果や化学的因果などにまさしく同じ問題が生じるだろう、などなどということが論じられてきたのである。

もうひとつそれと関連するタイプの反応は、最小限の哲学的犠牲を払う解決を提案することだった。すなわち、性質二元論を断念して還元主義か消去主義のどちらかをとるとか、エピフェノメナリズムを受け入れようとするとか、あるいは真剣に実体二元論に戻ろうともくろんだりさえするといった重い形而上学的代価を支払わずとも、問題は単純かつ容易な方法で解決できることを示すことであった。これらは「無料ランチ」解決法と呼んでよいような解決法であり、完全に無料ではないにしろ、少なくとも相当お手頃なランチである。

ここでのわたしの目的は、心的因果の問題に対抗するためのこれらのデフレ的戦略を検討することである。わたしは、それらのいずれもが実際には成功しておらず、単純で安上がりな修復をあちこちに施すことによっては問題を回避できないと論じるつもりである。問題はわれわれ自身やわれわれが住む世界についての基本的な形而上学的見解に深く食い込んでおり、もし本気でその問題を受け入れる気があるなら、相当に思い切った解決を行う必要があると思う。われわれが問題を適切なしかたで解決し終えたなら、われわれの心の形而上学は重大な変更をこうむるだろう。現実生活と同様、哲学にも無料ランチなどなく、安いランチはお金を払うに値しないと思う。本物を注文して代価を支払おうではないか。実体二元論が心的因果の問題に直面したとき、二元論は敗れたのである。心的実体はもはやわれわれに備わっていない。歴史が繰り返される可能性は十分にある。性質二元論と心的因果の対立において、還元不可能な心的性質をはるか置き去りにして、二元論は再び敗れるかもしれない。

1　形而上学は避けて通れない——排除問題

何人かの哲学者が論じてきたところでは、もしわれわれが形而上学的先入観から自由になって、心的現象に関する現実の説明実践に注意を傾けさえすれば、心的因果に気を煩わせるのをやめて愛着をもつようになるだろうということである。タイラー・バージがその例である。彼はこう書いている。

だがわたしの関心をより引くのは、まさにその心配の存在である。わたしの考えでは、それは哲学的優先順位の誤ったつけ方を示していると思う。唯物論的形而上学にはそれに値する以上の重きが置かれてきた。説明実践が省みられることはあまりに少なかった。その心配を支える形而上学的根拠は、われわれが心配を斥けるためにすでにもっているもっと日常的な根拠よりもはるかに強力なわけではない。(4)

唯物論の「形而上学的根拠」の信頼を失わせる「日常的な根拠」とは何なのか？　バージはこう続ける。

日常生活と心理学の両方の様々な部分において、志向的な心的出来事の帰属が心理学的説明の中心であるということを、たぶんそれが無効になりうるにしてもしっかりと仮定することから始めるほうがより自然で実り多いとわたしは思う。われわれはまた、志向的な心的出来事はたいてい原因であり、心理学的説明はたいてい因果的説明の一形式であるとも仮定してよい。これらのことを仮定すれば、エピフェノメナリズムについての「心配」などごくごくわずかなものに思える。（中略）目下の議論で進められている形而上学的考察はいずれも、わたしにとってこの結論を脅かすほどに強力だとはちっとも思われないのである。(5)

同じような調子で、リン・ラダー・ベーカーは、心身因果の問題を払拭するのに必要なのは、形而上学と説明との間の優先順位を逆転させることだけだと論じた。彼女はこう主張する。

わたしの提案は、因果性や実在の本性についての形而上学的学説ではなく、受け入れるに値すると認められた範囲の説明を哲学的出発点にとろうというものである。（中略）説明と因果性の、形而上学者お好みの優先順位を逆転させれば、心的因果の問題は次第に消えてなくなる。われわれはこのような問いから始める。われわれの考えることははたしてわれわれの行うことに影響を及ぼすのか？（中略）原因と説明の優先順位を逆転させれば、この問いの形而上学版は生じないし、もともとの問いには簡単に答えられる。[6]

ベーカーやバージはひとつの点において明らかに正しい。バージが言うように、おなじみの志向的説明が真であることへの信頼は、いかなる深遠な形而上学的原則へのコミットメントよりもまさっている。この意味でエピフェノメナリズムへの「心配」は大げさである。しかし、心的因果について「心配」してきたわれわれのうちかなり多くが、われわれの思考や欲求は結局のところ手足を動かす力をもたないということになる可能性を本当に心配してきたかどうかは疑わしい。われわれの心配は証拠に関する、あるいは認識論的な心配ではない。エピフェノメナリズムを認識論的懐疑論になぞらえて、エピフェノメナリズムの恐れには見せかけらしい雰囲気があると述べるとき、バージは正しい。だが、このことが示しているのは、心的因果の問題は本来は形而上学的問題であるということのみである。心的因果がいかにして可能かを示すことが問題なのであり、可能かどうかを示すことが問題なのではない。もちろん「いかにして」の問いとともに生じるものが、最終的には「かどうか」の問いに対するわれわれの姿勢を考え直させるかもしれないが。「いかにして」の問いを提起するにあたって、われわれはバージが言うように、「かどうか」の問いにすでに肯定的な答えが出たということを「たぶん無効になりうるにしてもしっかりと」仮定している。[7] バージが示唆するように、心的因果の問題が認識論的懐疑論と同じようなものならば、それは十分に問題であろう。懐疑論的論法についてよく考えることによって、人間の知識の本性や限界においての理解が深まるように、おそらくエピフェノメナリズムへの「心配」も、われわれの心とはまさしく何であるのか、そして心はわれわれの物理的自然とどのように関わるのかについてのより深い理解につながるだろう。

　しかし、形而上学的問いはただどこからともなく現れてくるものではない。昨日の講義で指摘したように、心的因果について「いかにして」の問いが生じるのは、信頼性のある尊敬を要求するが、心的因果を一見したところ疑わしいものにする、ある他のコミットメントが存在するからである。争点は、バージが主張するように形而上学vs.説明実践ではなく、またベーカーが述べるように形而上学vs.認識論でもない。さらに、形而上学と心的因果のどちらかを選ぶというのも争点ではない。哲学者としてはことごとくすべてのものごとを議論の余地があるものと見なすべきなのだが、われわれの多くは心的因果をすでに選んでいる。争点はどうやってわれわれの形而上学を心的因果と整合させるかにあり、われわれに必要なのはさまざまな形而上学的選択肢の間の選択であって、何らかの深遠な形而上学的原則と、他方の何か愛着のある認識論的実践や原則との間の選択ではない。これはもちろん、形而上学と認識論が必然的に無関係だということではない。以下で見るように、認識論と形而上学はこの領域で互いに何らかの関わりをもっており、われわれが一方で行う選択は他方での調整と順応を必要とすることがあるのだ。

　心的因果の問題は、バージやベーカーが力説するように、形而上学に携わる度合いを少なくし、その代わりに心理学的説明に注意を向けたならば消え去ってくれるのだろうか？　バージは「心的因果のわれわれの理解は、基本的に心を中心とした（mentalistic）説明の理解に由来する」[8]と言う。だが、心を中心とした説明の理解とは何か？　バージはこの問いに直接には答えていないが、彼の胸中にあることは理解できる。心を中心とした説明、すなわち説明項に心的状態を援用する説明は、たいてい因果的説明である。上で二番目に引用した一節で彼は、「われわれは、志向的な心的状態はたいてい原因であり、心理学的説明はたいてい因果的説明の一形式であると仮定してよい」と述べている。思い出した人もいるだろうが、一九五〇年代と一九六〇年代には、現在の心的因果をめぐる議論ほど緊迫していなかったが、行為の信念・欲求による説明が因果的説明か否か、あるいは「理由は原因である」のか否かという問いをめぐって、長期にわたる議論が行われた。デイヴィドソンの因果説がそれを覆し、一九六〇年代後半と一九七〇年代初頭にかけて新たな通説となるまでは[9]、多くはウィトゲンシュタインやイギリス日常言語学派を含む様々な哲学上の勢力が合流したことにより、反因果的立場は何年にもわたってかなり優勢であった[10]。バージが言うように、信念・欲求による説明を因果的説明の一形式だと「仮定してよい」なら、その仮定が許されるのは実質的にはデイヴィドソンのおかげである。因果的立場に成功をもたらしたのはデイヴィドソンの哲学的論証であり、信念や欲求によって行為を合理化するというわれわれの説明実践の普及ではない。説明実践について異論はなかった。議論はその本性および理論的根拠をめぐるものだったのである。

その上さらに、合理化を行う説明が因果的説明だとするデイヴィドソン自身の叙述が、少なからず形而上学を含んでいた。その鍵となる構成要素をいくつか述べると、単称因果言明およびそれと一般的因果法則との関係についての見解や、出来事とその記述についての大いに議論された理論である。彼の論証をくわしく述べることは、心的なものの非法則論という物議をかもした学説も含めた、非法則的一元論の形而上学的パッケージ一式を意味することになりそうだ。心的因果についての現在の議論の多くは、デイヴィドソンの叙述に対する広く共有された不満から生じており、その不満とは言いかえれば、デイヴィドソンの理論が心的な種や性質に行動生成における適切な因果的役割を与えていないのではないかという心配であった[11]。この短い歴史でも、われわれが行動の合理化という説明実践を形而上学と関わらせないようにするのは容易ではないと納得させるのに十分だろう。合理化が一種の因果的説明であるか否かという問いは、それ自体本質的に形而上学的な問題を含むのである。

右の問いに肯定的に答えたと仮定しよう。そのように答えた後であっても、形而上学は依然として消え去らないだろう。というのも、わたしの思うところでは、われわれが因果的説明という考え方を理解できるただひとつの方法は、因果的説明で援用される出来事が、説明される現象の実在における原因であるという考え方を前提するからである。すなわち、もしc（またはcの記述や表現）がeを因果的に説明するならば、cはeの原因である
のでなければならない。水を飲みたいというわたしの欲求がキッチンへ向かうわたしの身体の運動を因果的に説明するならば、その欲求は実際に身体運動の原因でなければならない。わたしはこのことを中立的で異論のない論点だと見なす。

それでは、わたしの水への欲求がある身体の動きを惹き起こすと想定しよう。これは心的なものか

ら物理的なものへの因果性の事例である。そこまではよい。しかし、いくつかの点で形而上学的問題が現れはじめる。第一に、われわれが身体運動から因果連鎖を逆にたどるとしよう。話を簡単にすると、わたしがキッチンへ第一歩を踏み出したときのわたしの左足の動きを追跡したとしよう。そのような手足の動きがどのようにして生じるかについて語る非常によくできた神経生理学的筋書きを、つまり神経信号の伝達や一連の筋肉の収縮などに関わる筋書きをわれわれがもっていると仮定する。わたしの中枢神経系における何らかの神経的出来事、おそらくどこか脳の深いところでのひとまとまりの神経繊維の興奮でその筋書きが終わると想定してみよう。そのような神経生理学的説明もまた存在するのだと考える十分な理由があるように思われる。少なくとも、われわれはそのような可能性を排除できない。それでは、この説明と、わたしの信念や欲求による志向的説明との関係はどのようなものなのだろうか？　一方はわたしの足の動作の原因として神経状態Nを引き合いに出し、他方はまさしくその同じ出来事の原因として水を飲みたいという欲求に訴える。これら二つの原因はどのように関わりあっているのだろうか？

単一の出来事の原因とされる二つのもの、またはその出来事の二つの因果的説明に直面したとき、はじめに次のような状況説明のどれかを選ぶことができる。(a)それぞれが十分な原因であり、結果は因果的に過剰決定されている。(b)それぞれが必要なものであり、全部を合わせて十分な原因を形成するのに役立つ（すなわち、個々は単なる「部分的原因」に過ぎない）。(c)一方は他方の一部である。(d)原因は実際には同じひとつのものであるが、異なる記述のもとで与えられている。(e)一方（おそらくこの場合だと心的原因の方）は何らかの適切な意味で他方に還元可能である。そして(f)一方（またしても心的原因の方）はある意味で神経的原因Nに依存した因果的身分をもつ派生的な原因である。ひょっとすると他にもあるかもしれないが、われわれの現在の事例については、(a)(b)そして(c)を含めてそれらのほとんどには成功の見込みはない。わたしが強調したい全般的な論点はこうである。つまり、それぞれがある出来事の十分な因果的説明を提示していると主張する二つの因果的筋書きの存在は、原因と称される二つのものがどう関わりあうのかの説明を見つけることを要求する不安定な状況を生じさせるということである。これが「因果的・説明的排除」の問題である。(12)

わたしの見るところ、バージなら志向的説明と生理学的説明は競合する必要はないし、現に競合しないと答えることであろう。彼はこう述べている。

心を中心とした説明が、物理的動作の非志向的な説明を排除したりそれに抵触したりすると考えるのは道理に合わないだろう。これらの考え方が道理に合わないように思われるのは、心的出来事が物質的であることをわれわれが知っているからではないと思う。二つの因果的説明が同じ物理的結果を二つのまったく異なるパターンの出来事の帰結として説明することをわれわれが知っているがゆえに、これらの考え方が道理に合わないように思われるのである。これらのパターンの説明は、二つのまったく異なるタイプの問いに答える。どちらのタイプの説明も、もう一方について本質的で特徴的な仮定をしていない。（中略）心的原因が出来事の物理的連鎖における欠落を補うべきだと考えることの道理のなさは、伝統的二元論や自由意志についての自由論的な心配に端を発するのだろう[13]。

いや、「道理のなさ」は二元論や自由意志とは何の関係もない。それと関係があるのは、それぞれが単一の結果の十分な原因を与えると思われている二つの因果的主張だけである。バージが見過ごしている説明についての興味深い事実とは、二つかそれ以上の説明は、たとえそれらの説明前提が相互に整合的で実際にすべて真であっても、それらが単一の被説明項を（特に因果的に）説明しようとするものであるならば、競合する説明になりうるということである。説明項が様々な探究領域で現れるということ、またそれらが「異なるレベルの」分析や記述で与えられるということ、あるいはそれらがさまざまな認識的および実用的な関心に応えるものであるということはどうでもよい。たとえば、高速道路の設計者は自動車事故が高速道路のカーブのところの不適切な反り具合で惹き起こされたと説明し、警官は経験の浅い運転手の不注意な運転で惹き起こされたと説明する。けれどもこのような場合、提示された原因は部分的原因であると考えるのが自然である。それらはまとめて事故の十分な原因を形成するのに役立つ。それぞれの部分的原因が説明されるべき出来事の十分な原因であると主張する限り緊張が生まれ、そしてわれわれには原因と思われる二つのものがどう関わり合うのかを問う権利があり、実際のところそれを問わざるをえない。事実、二つの説明がどういう関係にあるのか、単一の現象についての二つの因果的筋書きがどうやってかみ合うのかを知る必要があるのは、まさに

「どちらの（中略）説明も、もう一方について本質的で特徴的な仮定をしていない」からなのである。二つの筋書きは異なる言語で表現された、実際にはひとつの筋書きなのだろうか？　二つの筋書きは互いを補完しあい、それぞれは部分的なものに過ぎないのだろうか？　などなど。形而上学とは、異なる言語や理論、説明、概念体系が集まり、それら相互の存在論的関係が整理され明確化される領域である。そのような共通領域があるということは、われわれの認知活動についての広範で中立的な実在論の仮定である。あなたがそのような共通領域は存在しないと信じるなら、よろしい、それもまた形而上学である。

物理的行動の心理的説明で、物理的結果が同じく物理的な因果的説明をもつかあるいはもつべきだとわれわれが信じる心構えのある事例が存在するならば、因果的・説明的排除問題が生じる。そしてわれわれは、実際にそのような事例があるはずだと信じるために、物理的領域の因果的閉包性の一般原理に同意する必要はない。因果の物理的閉包性は、単に排除問題を物理的行動の、心を中心としたあらゆる説明にとって一般的なものにするだけである。排除問題を理解するためには、それほど耐久性のある形而上学は必要でない。心の非法則性や因果関係における「厳密な法則」、因果性の物理的・機械的概念、トークン物理主義などなどについての包括的な原理は必要ない。排除問題は因果的説明という考えそのものと、因果関係の完全に直観的で日常的な理解であるように思えるものから生じるのだ。これが正しいなら、形而上学から目をそむけて認識論を掲げたり、因果性から目をそむけて説明を掲げたりしても、それによって心的因果の説明の必要性は消えることはないだろう。心を中心とした説明から心的因果へはまっすぐな近道があり、物理的発生物が二重の説明をもつ可能性から因果的・説明的排除というわずらわしい問題に至るまっすぐな近道もあるのだ。

バージもベーカーも、それぞれの論文で何らかの形の心身スーパーヴィーニエンスまたは依存性を明白に認めているのは興味深い。バージはこう書いている。

心的出来事とその根底にある物理的過程の間には、ある体系的で必然的でさえある関係が確かに存在する。われわれには心的過程がその根底にある物理的過程に依存すると信じる十分な理由がある。(14)

バージは自らが心的なものと物理的なものとの間に据えた依存性の性格についてあまりはっきりさせていないが、それは少なくともスーパーヴィーニエンスであるべきだと仮定しても差し支えないだろう。対照的に、ベーカーは強いスーパーヴィーニエンスという意味で心身の依存性を明白に認めている（第一章参照）。彼女は自らが「SS（強い心身スーパーヴィーニエンスを表す）」と呼ぶ学説が「無意味な空論」だと考えているが、それをそのままにすることを厭わずに因果性に攻撃を向ける。いずれにしても、ベーカーやバージが心身スーパーヴィーニエンスを受け入れるのであれば、彼らは前回の講義で出てきたスーパーヴィーニエンス論法に答える必要がある。彼らは、一見したところ心身スーパーヴィーニエンスからエピフェノメナリズム的帰結につながる一連の推論にどう立ち向かうのかを示す必要があるのだ。

2　反事実的条件文は助けになるか？

この分野での仕事が重要かつ影響力のあるものになってきているテレンス・ホーガンは、最近の論文で心的因果と還元主義の問題を提起しており、こう書いている。

因果的排除の推論に関しては、わたしは強固な因果的両立論を支持する。実際のところ、非法則的一元論をとるどの哲学者もそれを支持するべきだと思う。わたしの両立論に明確化と擁護とが必要であることは確かに認識している。それは重要な哲学的プロジェクトである…。

第一に、その見解はどうやって明確化され、擁護されるのだろうか？　強固な因果的両立論は、因果的性質および因果的説明についての一般的概念の副産物であり、因果的排除についての心配は別として、それには説得力があり十分な動機もあるとわたしは考える。その主要な考えは、因果的性質とは、性質間の通時的な反事実的依存性の強固で客観的なパターンに現れるものだということである…。

高階の因果的な自然種に属する性質は、そのような見解によれば、主として適切な高階の依存パターンと法則的一般化において現れる。これらの性質はそれ自体としては低階の因果的性質と法則的に外延を共有する必要はなく、また種に相対的な、または構造相対的な双条件的橋渡し法則と一致することにより、局所的に外延を共有する必要さえないのである。そのかわり、高階の因果的性質は低階の性質を完全にうまく交差分類（cross-classify）しうるのであり、生物の特定の種やある種の内部の単一の個体に対して、局所的にさえ交差分類できるのである。[15]

わたしの理解したところでは、高階の性質が低階の性質を「交差分類する」というホーガンの示唆は、物理理論に関しての特殊科学の因果的・理論的自律性を提案するよう意図されている。これは高階の性質の還元不可能性に有利な論法として、しばしば非還元的物理主義者によってなされてきた主張なので、簡単にそれに関わるところを見てゆこう。はじめに、この文脈で「交差分類」するとはどういう意味なのか？　ある分類体系が別の体系を交差分類するということは次のようなことを意味するに違いない。すなわち、後者の分類法では同じように分類され区別されない（すなわち、この分類法において認識される性質に関して識別不可能である）が、前者の分類法に従うとそれとは違うように分類される（つまり、その分類法で認識される性質に関して識別可能である）ものが存在し、おそらくその逆もあるということだ。いわば、ある分類法が別の分類法と交差分類するのは、まさに前者が後者によってできなかった区別を行う場合なのである（おそらくその逆もあるだろう）。しかし、その場合このことが意味するのは、前者の分類法が後者のそれにスーパーヴィーンしないということであり、このように理解されたときには、ホーガンの主張は高階の性質のスーパーヴィーニエンスの否定となるはずである。もし心的性質と生物学的性質が基礎物理的性質と交差分類するならば、それらは後者の性質にスーパーヴィーンすることはできない。これは興味深い示唆である。その主張とは、物理体系のもつある高階の性質はその体系の物理的性質にスーパーヴィーンしておらず、それらはより基礎的な法則に還元できない高階の法則によって互いに法則的に結びつく、というものである。これらの高階の法則は、より基礎的な物理的因果領域と符合する必要のない自律的な因果領域を作り出すだろう。これは深刻な形の二元論であり、おそらく真剣に考察するに値するアプローチではあるだろう。だが、スーパーヴィーニエンスを否定する時点で、それは最小限の物理主義にも及んでいないのであり、それゆえわたしはこれが本当にホーガンの意図していることなのかどうか確信しかねている。交差分類について語るとき、彼は単に基礎物理的性質に関しての高階の性質の多重実現可能性というよく知られた主張に言及しているだけなのかもしれないとわたしは思う。第一講義で見たように、心的性質が、多重にしろ単一にしろ物理的に実現されているという考えは、スーパーヴィーニエンスのテーゼを論理的に含意する。物理的実現説を認めるなら、ホーガンは認めるだろうとわたしは思うけれども、彼は少なくとも現在の意味では、それと同時に「交差分類」を認めることはできないのである。

ホーガンの他のテーマ、つまり、因果に関する主張を反事実的依存性に基礎づけることを選べば因果的排除問題は避けられるというテーマに戻ろう。これは評判のよいアプローチで、多くの哲学者たちに採用されている。リン・ベーカーもそのひとりである。彼女は、「われわれの考えることが行うことに果たして影響を及ぼすことはあるのか？」という問いの「簡単な」答えは、ある種の反事実的条件文についてよく考えるならばすぐ手近にあると述べている。たとえば、ジルが鍵をカウンターに置き忘れたという思考と、それを取り戻したいという欲求が原因で彼女が書店に戻ったのだということがわかるために必要なのは、ベーカーが言うには、次のような「説明的事実」を理解することだけである。「もし彼女が鍵を置き忘れたと思わなかったら、他の条件が同じなら、彼女は書店に戻らなかったろう。そして、彼女は現に鍵を置き忘れたと思ったのならば、他の条件が同じなら、彼女が戻ることは避けられなかった」[16]。タイラー・バージも、このように述べるとき何かしら同じようなことを念頭においているように見える、「物理的説明と矛盾しない（中略）心的原因が「違いを生じさせる」様々なしかたを特定することができる。それらの心的原因が生じさせる違いは心理学的な因果的説明によって、そしてこれらの説明と結びついた反事実的条件文によって特定される」[17]。

ベーカーの主張を簡単に見ておこう。彼女の考えは、説明によって因果性を説明し（その結果「因果性は説明概念となる」[18]）、そのあとで説明を、それに適した反事実的条件文と、原因と称するものが起こるならば結果は「不可避であること」によって説明するというものである。心的因果の実在性への確信が、全面的にではなくてもだいたいにおいてそのような説明や反事実的条件法を受け入れることに基づいている点では、ベーカーやホーガン、バージやその他の者たちに同意できる（全面的にではないというのは、心的因果が存在するというわれわれの信念はわれわれ自身を行為者として見る見方と確かに不可分だからである。心的因果についてのその信念とはすなわち、われわれの欲求や信念や意図は、手足を適切なしかたで動かしてそれにより周囲のものを配置しなおさせることができ、現にそうしているというものである）。われわれはまた、志向的状態や行為に関わる説明実践が、心的因果のいかなる議論においても尊重されるべきであるということにも同意する。しかし、心的状態を含むよく知られた反事実的条件文に訴えても、その上さらに形而上学的明確化を行う必要性を免れることはないだろう。このことはベーカーの提案と結びつけて理解することができると思う。ある神経状態Nが、書店のカウンターに鍵を置き忘れたというジルの思考の原因であると同時に、彼女が書店に戻ることの原因でもあったと主張するエピフェノメナリストを考えてみよう。エピフェノメナリストはおそらく、因果性についての主張に対する、反事実的条件文による説明的観点からの注釈を二つとも受け入れるだろう。なぜなら彼は次のように推論するだろうからである。「ジルの思考が生じなかったら、ジルはNの状態にはなかっただろうし、ジルの思考が現実に起こったならば、Nは起こったに違いなく、これがジルが店に引き返すことを避けられないものにしたのだ」と。わたしにはこのエピフェノメナリズム的状況説明につじつまの合わないところは何もないように思える。わたしはこの形のエピフェノメナリズム的説明がすべての場合でうまくゆくと言っているのではない。要点はただ、それがベーカーの提案によっては除外されないということだけである。

もっと一般的な言い方をすれば、反事実的条件法によるテストは因果の方向を判断するには不十分なテストである。cがeを惹き起こしたのならば、その「後戻り型（backtracking）」反事実的条件文「eが起こらなかったらcも起こらなかっただろう」は、ほとんどどのモデルの反事実的条件文についてもたいていの場合擁護されうる。(19) また、e_1とe_2が並行して単一の共通原因cから生じる結果ならば、「e_1が起こらなかったらe_2は起こらなかっただろう」およびその逆は両方とも真でありうるし、

「e_1があればe_2は避けられない」と述べるのが正しいようなこの種の事例も存在しそうである。その上、ベーカーによって援用されている「不可避性」の概念をそれ以上に明確化する必要がどうしてもあるように思われる。「cであればeは避けられない」は、「cが（因果的に）eを必然的なものにする」のまさしく別の言い方に大変近いように聞こえる。そしてこの概念はヒューム主義者の強敵となってきたものである。ベーカーが、当該の不可避性の概念を疑問の余地のないしかたでわれわれに説明できなければ、因果性を説明に置き換えるという彼女の企ては未完であると判断しなければならない。心的因果の問題はとても「消えてなくなる」どころではない。

　したがって、反事実的条件文のアプローチについてのわれわれの議論をまとめるとこうなる。反事実的条件文理論の支持者が行う必要があるのは、われわれが心的因果のために必要とする心身についての反事実的条件文を真にするものはまさに何なのかを説明し、この説明によれば、われわれが望まない反事実的条件文が、たとえばエピフェノメナリズム的反事実的条件文が誤りであると示すことである。心身についてのある反事実的条件文が心的因果の立証として明らかに正しく、立証として認められるとただ指摘するだけでは、手元にある哲学的任務の理解を誤ることになる。心的因果の問題に関しては、それは心的状態を含む様々な「だから」言明の正しさを指摘する以上に大きな哲学的重要性をもたない。そのようなそぶりは、心身因果はわれわれが普通に現実世界と見なしているものの一部だということを示しているに過ぎない。それはわれわれが心的因果の実在性を信じているということを再確認する以上のものではない。われわれが望んでいるのは、少なくともわれわれのうち何人かが探し求めているのは、いかにして心的因果が実在しうるのかの、われわれが強要されているかに見える他の原則や真理に照らした哲学的説明なのである。[20]

3　「プログラム説明」とスーパーヴィーニエンス因果

近年、フランク・ジャクソンとフィリップ・ペティットは、彼らが「プログラム説明」と呼ぶ、心的なものの因果的・説明的関連性のもととなるものを提案した。[21] 説明を強調する点で、彼らのアプローチはベーカーその他のアプローチに似ている。しかし、決定的な点において違いがある。というのも、ジャクソンとペティットは心的なものが因果的効力を欠いているという前提を受け入れるところから始めるからである。「プログラム説明」において心的なもののためにその役割を通じて彼らがとっておきたいと望むのは因果的関連性である。このような例を考えてみよう。われわれは、花びんのこわれやすさを指摘することによって花びんの破損を説明する。だが、ジャクソンとペティットが論じるには、直観的に信頼できる一連の原則からは、この状況において因果的効力のある性質は花びんを形成するガラスの分子構造であり、花びんのこわれやすさではないという結論が出てくると論じる。またしてもこの問題はわれわれが「排除問題」と呼んだもののように見える。ジャクソンとペティットによればこの結論につながるであろう諸原則にも、彼らの因果的効力の定義にもわれわれは深くは立ち入らない。そのかわり、因果的効力を欠くと仮定されているにもかかわらず、こわれやすさのために説明的・因果的役割をとっておく彼らの戦略に焦点を当てようと思う。彼らの戦略に利点があるならば、それは心的因果が救われるひとつの方法になりうるだろう。とりわけ、彼らの問題は、われわれのと同様に因果的排除の問題だと思われるからだ。

ジャクソンとペティットのアプローチを推し進める主要な考え方は、性質Fは、別の性質Gの例化をもたらす際には因果的に無効なのだが、それでも「Fが発生したのはGが発生したからだ」が適切な「プログラム説明」であるという事実によって、Gの実例の惹起において関連しうる、というものである。だがプログラム説明とは何か？　ジャクソンとペティットによれば、「Fが発生したのはGが発生したからだ」は、次の二つのうちひとつのしかたで、有益ですぐれた説明でありうる。(i)FはGに関して因果的効力のある性質である、または(ii)F自体はGに関して因果的効力を欠いているけれども、FはGに関して因果的効力のある何らかの性質Pの存在を「プログラムする」または「保証する」（このことは、Fの様々な実例に対して因果的効力をもつ別の性質群Pの存在を明らかに見込んでいることになる）。この説明がどう機能するかは、こわれやすい花びんとその破損の事例でわかる。こわれやすさはそれ自体は因果的効力をもたず、破損を生み出す原因ではないにもかかわらず、因果的効力のある性質つまりガラスの特定の分子構造の存在をプログラムし、またはそれを保証するという点で因果的関連性をもつのだ。彼らが述べるところでは、「それ自体に効力はないが、これわれやすさはその実現がやがて効力をもつ性質が現れてくることを保証するようなものだったのである」[22]。「プログラムする」という語はどこから出てきたのだろうか？　ジャクソンとペティットはこう書いている。

性質の実例はその出来事につながる生産過程には現れないが、それはその過程に必要とされる性質の実例が実際に現れることを多かれ少なかれ保証する。その性質の役割を描写するのに役立つ比喩は、その性質の実現はそれを生産する性質の出現をプログラムし、ある記述のもとで、生産される出来事をプログラムすると言うことである。それと類比されるのはコンピュータのプログラムであり、それはある物事つまりある記述を満たす物事を生じさせる作用がすべて低次の機械的レベルで起こるにもかかわらず、それらが生じることを保証するのである[23]。

したがって、計算過程のあるステップをその前の計算ステップによって説明しようとするコンピュータ的説明がプログラム説明なのである。真の因果過程は電気的レベルで起こるので、前のステップは被説明項と説明的に関連するけれども因果的効力はない。ジャクソンとペティットは、このアプローチが心理学を含めた特殊科学における説明を救うと信じている。

…ここではその事例を探究しないが、それは常識と特殊科学における説明にまで及ぶと思われる。たとえば、集団の結束のような性質に訴える社会学の説明や、態度内容 (attitudinal contents) を因果的関連性質として援用する心理学の説明や、包括的適応度を最大化するような性質に訴える生物学の説明にまで及ぶだろう。そのような事例すべてにおいて、プログラムの多様性を通じて以外にどうやって説明が明らかに所有する関心をもちうるのか理解しがたい(24)。

この提案をわれわれはどう考えるべきか？　まず、このアプローチがわたしがかつて心的因果を扱う方法としてよく擁護したもの、つまり「スーパーヴィーニエンス因果」のモデルと実質的に異なるわけではないことに注意しよう。ここでの主要な考えは、性質はその因果過程に含まれる性質へのスーパーヴィーニエンスゆえに因果的役割を得て、因果的説明において役割をもつのだ、ということである。Fが$P_1 \cdots P_n$をスーパーヴィーニエンス基盤としてもつとしよう。このことが意味するのは、Fが例化されるときには常に、その基盤性質のうちのひとつP_iが例化されるということである。さらに、これらのPのそれぞれが結果Gを因果的にもたらすと想定せよ。その場合、FはGの「スーパーヴィーニエンス原因」であると言ってよいだろう。それがスーパーヴィーニエンス因果の考え方であった。しかし、これがプログラム説明のモデルにうまく当てはまることは明らかである。Fの発生は因果的効力をもつ複数の基盤性質Pのうちのひとつの発生を「保証し」、それを「プログラムする」。二つのモデルはまったく同じものに行き着くように思われる。少なくとも、右の意味でのスーパーヴィーニエンス因果が存在するところには、ジャクソンとペティットの意味でのプログラム説明と因果的関連性が存在するだろう。

ジャクソンとペティットは心的性質および特殊科学の性質が因果的効力を欠くという仮定から始め

るのだから、彼らをエピフェノメナリストと見なすのは十分に正当であるように思われる。それに、プログラム説明のモデルがエピフェノメナリズムとまったく矛盾しないということは注目に値する。スーパーヴィーニエンス論者のように、エピフェノメナリストは、たとえば痛みの発生はその神経的原因、たとえばC繊維の興奮の出現を「保証し」または「プログラムする」と言ってもまったく差し支えなく、わたしの顔をしかめさせるのはこの神経的出来事である。すでに指摘したように、エピフェノメナリズムは心身スーパーヴィーニエンスにコミットしているのである。

ジャクソンとペティットは心的なものの因果的不能性を認めるので、心的因果の立証は彼らの求めるものではありえない。こうなると、心的なものの「因果的関連性」について語るのがどれほど適切なのか？　因果的効力がまったく存在しないとしたら、どうして因果的関連性のための余地がありうるのか理解しにくい。ここに現れている唯一の関連性は情報的関連性のように思える。プログラムをする性質の発生は、それがどのようなものかわれわれにはわからないかもしれないが、因果的に効力のある何らかの性質が現れてその役割を果たしているという情報をわれわれに与える。彼らは特殊科学的性質の説明の立証に、すなわち特殊科学の因果的効力や因果的関連性よりもその説明的効力や説明的関連性の立証にもっぱら焦点を定めたほうがよかっただろう。その場合の問題はこうである、プログラム説明のモデルは首尾よく特殊科学の説明の正しさを立証し、特殊科学の性質の説明的効力を証明することができるのか？

その答えが説明についてのあなたの見解次第であるのは明白だ。だが、プログラム説明は、その説明としての価値がどうであれ因果的説明ではありえないのは明らかであり（ジャクソンやペティットは因果的説明だとは主張していない）、「ドリーンが顔をしかめたのはひじに鋭い痛みを感じたからだ」の「から（because）」を、ドリーンの痛みとしかめ面との因果関係に訴えるものとして読み取ることができないのは、「その花びんがこわれたのはこわれやすいからだ」の「から」にそのような読みを与えることができないのと同じである。先に主張した論点を繰り返すと、原因として別の出来事に訴える出来事の因果的説明は、原因とされるものが説明される出来事の実際の原因である場合に限り、正しい説明となりうるのである。それより弱いいかなる概念も、因果的説明という考え方を軽んじるだけとなるだろう。

しかし、心的因果や心的な因果的説明の強い概念を断念して、よりゆるく弱い説明的関連性のモデルに甘んじる気があるなら、たぶんデヴィッド・ルイスの「出来事を説明することはその因果的歴史について何らかの情報を与えることである」[25]という考え方を、単純だが実質がないわけでもない形で修正して用いることができるだろう。修正が必要となるのは、ルイスの考えによれば、出来事の因果的歴史がそれ自身を、つまり因果的歴史の何らかの部分を含んでおり、因果的依存性のもとで閉じているからだ。いわば、因果的歴史における出来事が依存するどの出来事も、同じ歴史の一部なのである。しかし、因果的歴史は因果的依存性の逆のもとでは閉じておらず、したがって出来事の随伴現象（エピフェノメナ）はその因果的歴史の一部ではない。このことが意味するのは、ルイスのモデルでは、説明される出来事の実際の原因（神経の興奮）の随伴現象（痛み）に訴えても、それはその出来事の説明つまり因果的説明とは見なされないだろうということである。なしうることは、因果的依存性とその逆の両方のもとで閉じている、いわば出来事の「因果的ネットワーク」を定義し[26]、その上で出来事が埋め込まれている因果的ネットワークについての情報を与えることによって説明という概念を説明することである。出来事の真の原因の随伴現象を指摘することこそが、その出来事についての因果的情報を与えるのだ。

ジャクソンとペティットのプログラム説明を受け入れられるのは、この種の極端にゆるやかで大ざっぱな説明概念しかないと思う。説明という概念は、本来はその基礎となる「理解すること」という概念や「わかりやすくすること」という概念と同じくらい大変ゆるく融通がきくものであり、次のことを除いては何が説明と見なされて何が見なされないのかについては誰も法を定めるべきではない。すなわち、わたしが述べたように、「因果的説明」について語るときには、説明されるものが何であれ、それの原因として援用されるものが本当に原因なのであるとわれわれは強く主張すべきだということを除いては、である。説明についての実在論は、少なくとも因果的説明には当てはまるべきだ。そのときプログラム説明についての主な問いはこうなる。この大ざっぱでゆるやかな説明概念は、特殊科学の性質、とくに心理学的性質に言及する説明の正しさを立証する方法なのだろうか？

ここでわたしは人々がそれに同意しないことを期待するし、そのことは説明概念の融通性を反映するだけだと思う。しかし、それ以外のどういう呼び方を選ぼうと、説明的関連性や説明的効力を救うこのやり方は弱すぎて十分たりえないのではないかと信じたい気持ちである。わたしの考えでは、心理学的説明が得るに値するいかなる立証も「彼女が顔をしかめたのは急激な鋭い痛みをひじに感じたからだ」の「から」を正当に評価すべきだし、そうするためにはプログラム説明によって与えられるよりも強固な意味の「から」が必要なのである。

4　心的因果の問題は一般化するか？

ジャクソンとペティットは、ホーガンと同様に、心的因果を単に特殊科学における因果性の、つまり「高次の」性質や出来事を含む因果性の問題の特殊事例としてのみ扱う。これらの論者が一般的な問題を真摯に受け止め、問題を解決または解消する方法を提示したことは評価してもよい。それとは反対に、心的因果の問題が生物学や地質学のような他の領域に一般化されうるという想定は、その問題がまがいものであって気にかけるに値しないものだと示すことにつながるだけだと信じているように見える者たちがいる。次の一節でバージはまさにそのような態度を表明する。

閉じたシステムの存在は、外側から何も補う必要のない因果関係と因果的説明のパターンを表している。ギャップは存在しない。このことからは、そのようなシステムが因果関係や因果的説明を性質によってシステムの外から排除したりくつがえしたりするという帰結にはならない。実際、よく指摘されるように、もし本当にそういう帰結になるならば、特殊科学や化学や生理学のような自然科学にさえも因果的効力の生じる余地などないだろう。物理学の性質によって説明される因果関係にはギャップは（おそらく量子的ギャップ以外に）存在しないからである。しかし、物理的出来事がその生理学的性質によっては惹き起こされえないという考え方に魅了される者は少ない[27]。

物理的領域の因果的閉包性が心的なものから物理的なものへの因果性（すなわち、物理的性質に関する心的性質の因果的効力）を排除するならば、それと同じ考察によって、特殊科学の性質はその基礎となる低次の性質に関して因果的効力をもちえないことが示されるだろうというのがバージの主張である。別の言い方をすれば、基礎となる物理的領域の因果的閉包性が、化学や生物学のような物理的特殊科学の性質の因果的効力を排除しないのと同様に、（物理学や化学などを含む全体と見なされる）物理的領域の因果的閉包性は心的性質の因果的効力を排除しないのである。この種の論証は広くいきわたっているように思われる。ベーカーもまたこう書いている。

さらに、われわれの出発点となる形而上学的仮定は、内容をもつ思考の効力についての懐疑論のみならず、マクロ因果一般についての懐疑論にも必ずつながってしまうということを示したい。しかし、一般にもしマクロ性質に因果的関連性があると主張する理由がわれわれになく、なおかつ説明とは原因に言及するものであると見なすならば、科学や日常生活でいつもどおりに提示され受け入れられる説明と称するものは、すべてではないにしろそのほとんどはまったく説明的ではない[28]。

すべてのマクロレベル因果は「形而上学的仮定」（ちなみにそれは心身スーパーヴィーニエンスを含む）によって窮地に立たされ、すべての因果性がミクロ物理的過程に占有されるとベーカーが述べていることに注目しよう。ロバート・ヴァン・ギュリックもまた、ミクロ物理的因果の占有の脅威をもち出す。

> …因果的身分を厳密に物理的な性質に残しておくことは、（中略）志向的性質をエピフェノメナルにするばかりではなく、化学や生物学、神経生理学やミクロ物理以外のあらゆる理論をエピフェノメナルにしてしまうだろう。（中略）志向的性質がエピフェノメナルになる唯一の意味が、化学的性質や地質学的性質もまたエピフェノメナルになるという意味であるならば、それらの身分について本当に懸念を抱く必要があるだろうか。同じようなことは他にもあるように思われ、誰も化学的性質の因果的身分について気にかけていないように思われるのである。[29]

（これは、他の誰もが同じ問題を抱えているのだから、たとえば落ち込むのを気にすることはないと言われるのにいくぶん似ている。）おそらく化学的性質や生物学的性質の因果的効力のことは誰も心配しないだろうが、心的因果についても本当に心配している人は多くはない。われわれの何人かが気にかけているのは、心的因果の理解可能な説明を見つけることについてである。これはまた別の心配であって、あえて言わせてもらえば哲学的に正当な心配である。われわれは基礎物理的性質に関しての化学的性質や生物学的性質の因果的効力を説明できるだろうか？　おそらくさほどの困難もなくその説明を見つけられると誰もが信じているだろう。しかしわたしはそれを要求に応じて考え出すことはきっとできないだろうし、他の誰かができるというなら、それを額面上のものとして見ることにしたい（もし誰かが「化学的性質や生物学的性質がどうやって因果的効力をもつのかの説明なんて誰が必要とするんだ？」と言い返す気があるなら、それはわれわれの推奨する哲学的態度ではないという点にあなたが同意してくれることを願う）。さらに、たとえば化学的性質でうまくゆく説明が心的―物理的事例でも同じようにうまくゆくとどうやって確信できるのか？

ここで挙げられた問題の背景を形成するのは、第一講義で論じた世界の標準的な階層的描像である。この世界の事物およびそれらの性質は、垂直方向に組織された階層システムにおいて、ミクロからマクロへ、ミクロ物理学の素粒子から原子や分子、そこから上がって細胞や有機体などなどへというように描写される。この描写は「組織化のレベル」「記述のレベル」「分析のレベル」「説明のレベル」などのような、レベルと階のおなじみの話の中に暗黙のうちに含まれている。誰もが思い起こすだろうが、ホーガンやジャクソンとペティット、それにその他の論者も、特殊科学の「高次の」性質の観点からおのおのの議論を提示する。「高次」が存在するなら「低次」も存在しなければならず、これはまたしても序列化された性質の階層を示唆する。

心や心理学についてのわれわれの考えがこの描像によって決定づけられてきたのは明らかである。

心理学はこの多層システムにおいてこれらのレベルのひとつに上端に向けて位置づけられ、心はこのレベルで最初に現れる性質の特有の集まりである。この描像を共有する者が心的因果を何ら特別だと思わないのはもっともである。低次の神経的・生物学的レベルに比べて心的レベルに困難があるなら、より低次のレベルに比べてあらゆるレベルに同じ困難が伴うと予想しなければならない。これら低次のレベルに特別な問題はなく、少なくともなさそうなのだから、どうして心的レベルに問題があると考えられようか？　そこに秘められた答えは「ノー」である。これを「一般化論法」と呼ぶことにしよう。

第二講義で、われわれは心身スーパーヴィーニエンスの学説から心的因果についての問題が生じるように見えるのはどのようにしてかを理解した。そこでのわれわれの議論は、当該のスーパーヴィーニエンス関係の手の込んだ特徴づけや、そのスーパーヴィーニエンス以外の心的なもの固有の特徴を何ら必要としなかった。一般化論法に至る論証は、関連するあらゆる点において、心的なものと神経的なものとの関係が、たとえば化学的なものとミクロ物理的なもの、生物学的なものと物理化学的なもの、あるいはその他のレベル間の事例の特徴をなす関係と同じものであるという仮定に基づいている。スーパーヴィーニエンス論法は、もし正しければ、スーパーヴィーニエンスがあるところには、スーパーヴィーンする性質の、その基盤性質に関する因果的効力に潜在的な問題があることを示している。その場合、一般化論法は直接にスーパーヴィーニエンス論法に適用されるように思われ、このことによりそれを扱うための可能な戦略がわれわれに与えられるかもしれない。一般化論法によって提起された問題をこの講義の残りで考察し、最終講義で再びそれに戻って簡単に言及する。

5　性質――「レベル」と「階」

心的性質は物理的・神経的性質によって「実現される」という考え方、あるいはそれと等しいと見なされる、心的性質は「役割」であり物理的・神経的性質がその「所有者」であるという考え方に戻ろう。この実現関係はレベルの階層的序列を生じさせるものだという仮定がよくなされる。ウィリアム・ライカンはこの点について非常にはっきり述べている。

きわめて一般的に言えば、「ソフトウェア」・「ハードウェア」の話は、大まかには物理化学的なものと（それにスーパーヴィーンする）「機能的なもの」または高次で組織化されたものという二つのレベルに分かれて二部からなる自然（bipartite Nature）という考え方に向かわせる、というのがわたしの論点である。これは、それぞれのレベルが法則的一般化というつながりによって表され、その連続体において下位のレベルにスーパーヴィーンする、自然のレベルの多層階層であるところの現実に反している。このように自然を階層的に組織化されたものとして見れば、「機能」・「構造」の区別は相対的となる。あるものはその所有者に対しては役割であり、実現者に対しては機能的状態であり、その逆も可能なのだが、それはただ指定された自然のレベルの法によって（*modulo*）

のみそうなのである。(30)

われわれはすでに機能的に定義された二階の性質の因果的身分に関するブロックのエピフェノメナリズムに対する心配について論じた。その心配とは、その一階の化学的実現物とは別の二階の性質としての催眠性が人を眠らせる因果的力を与えることができるかどうかというものである。(31)だがブロックの問題は一般化されるのか？　催眠性の例から明らかなように、同じ問題は異なる領域でも（お望みなら異なるレベルでも）生じうる。ブロックの問題をライカンによって描写された種類の階層に導入したらどうなるのか想像してみよう。痛みの神経上の実現者は、ある低次の（その因果的な力を先取する）性質に比べてそれ自体は二階であり、今度はその性質がそれより低次の性質について二階である、などなどということが、ミクロ物理の（そんなレベルがあればの話だが）どん底レベルにたどり着くまで無限に続き、結局そのレベルが真の因果的力が存在する唯一のレベルということになる。そのため、心的性質のエピフェノメナリズムを普通に心配すると、ミクロ物理学を因果的説明を形成しうる唯一の理論として残したまま、すべての因果的な力が浸出してミクロ物理レベルに沈殿させられるという結論につながるとするバージやベーカー、ヴァン・ギュリックらの主張が出てくるのである。ベーカーが心配するように、すべてのマクロレベル因果は単なる幻であるということが帰結するだろう。コースを外れた野球ボールは結局のところ窓をこわさなかったし、地震は建物を破壊しなかったのである！　われわれにはこれはたえがたい感じがする。おまけに、基底レベルがもし存在しなかったとしたら（とブロックは考えさせようとしているが）[32] どうだろうか？　この描像において基底レベルが存在しなければ、因果的な力は底なしの穴に流れ落ち、因果性などどこにも存在しなかったかのように思われるのだ！

ライカンは上の引用で、二階の機能的性質によって彼の考えるレベル階層が作り出されると考えているか、あるいは階層の反対側から見れば、一階の性質が機能の特定化条件（「役割」）であるところの二階の性質との間にもつ関係すなわち実現関係によってレベル階層が作り出されると考えているようだ。われわれは明らかにこのように生成された性質の階層を思い浮かべることができる。しかし、このヒエラルキーについての次のような重大な事実に注意しよう。このヒエラルキーはミクローマクロヒエラルキーと並行しない、言いかえれば、実現関係はミクローマクロ関係をたどらない。理由は単純である。二階の性質とそれの一階の実現者は、両方とも同じ存在者およびシステムの性質だからである。あなたが服用する錠剤は、催眠性と、催眠性を実現する化学的性質との両方をもつ。あなたは痛みを感じ、あなたのC繊維を興奮させる。二階の性質とその実現者がミクローマクロヒエラルキーにおいて同じレベルにあるのは明白である。それらはまさに同じ対象の性質なのである。これは「二階の性質」および「実現者」という概念そのものの単純な直接の帰結である。あるものが二階の性質をもつことは、それが何らかの実現者つまり二階の性質を定義する特定化条件を満たす一階の性質をもつことである。結果として、われわれが二階の性質とその実現者について語るとき、ミクローマクロ関係によって組織された存在者やその性質のヒエラルキーにおける上下移動はない。二階の性質・実現者関係によって形成されたつながりはミクロ―マクロレベルの順序をもつ連鎖をたどることはしない。それはもっぱら階層内の単一のレベル内にとどまるのである。

ミクロ―マクロ移動という幻は次のような事実によって作り出されるとわたしは思う。その事実とはすなわち、二階の性質に関する多くの哲学的に興味深い事例において、一階の実現者はわれわれがミクロ組成（micro-based）（またはミクロ構造的）性質であると呼んでよいもの、すなわちそのミクロ構造の点から特徴づけられる性質の総体である（近いうちにこの考え方をもっと正確に説明することにしよう）ということである。しかし、そのような性質はマクロ性質である（または、より正確にはそれらを実現するものと同じレベルの性質である）。二階の性質の実現者が常にこの意味でミクロ組成であるわけではないのは明らかだ。すでに見たように、原色をもつことは、色の領域の上での二階の性質であるが、その実現者はまさに色である。色がミクロ組成性質かどうかは、明らかにここでは問題ではない。あるものが何らかの二階の性質の実現者であるか否かという問題は、いかなるミクロ―マクロについての考察に関する問題とも無関係である。因果的役割によって定義される機能的性質についても状況は同じである。機能的な二階の性質を、たとえば神経損傷によって例化させられ、その例化がしかめ面や叫びを惹き起こす性質を考えてみよう。何の神経状態でもない現象的な痛みをこの性質の実現者と見なすデカルト的機能主義者も存在しうるだろう。そして、そのような非物理的機能主義者が、デカルト的多重実現者を機能的に定義された心理学的性質として見込んでおくことができるのは明らかである（もちろんそのような人物はそれらを「心理学的」性質とは考えない）。彼女はかゆみやくすぐったさの感覚がある種においては機能的痛みを実現しうると考えることだってできるのだ。

順序づけされる性質について語るとき、「階」という用語を第一階、第二階、第三階…の性質に用い、「レベル」という用語をミクロ—マクロ階層をたどるのにとっておくことで、われわれは「高次」と「高階」、「レベル」と「階」を区別したほうが便利ではないかと思う。それ自体は単なる語法上の提案に過ぎないが、理解しておくべき重要な違いがある。先に見たように、第一階・第二階・第三階と進んでゆくことはミクロ—マクロ秩序をたどることにはならない。これらの性質はすべて単一のミクロ—マクロレベルの存在者に当てはまる性質である。それに比べて、スピンやチャームなどといったものは素粒子の性質であり、それらの性質は原子や分子、そしてミクロ—マクロ階層においてそれより高位の対象には当てはまらない。透明性や可燃性は分子の集まりのもつ性質であり、原子やそれより基礎的な粒子に当てはまる余地はない。意識や志向性は生物学的有機体の、少なくともその神経システムの性質であり、それらの有機体に比べてミクロである存在者には適用されない。一〇キログラムの質量をもつことは、わたしのコーヒーテーブルがそうであるように、分子の集まりの性質である。それに、それは次の意味でテーブルのミクロ組成性質である。すなわち、わたしのテーブルがこの性質をもつことはそれが天板と脚部の二つの部分からなるということであり、前者が六キログラムの質量を、後者が四キログラムの質量をもつということだ、という意味においてである。

われわれは「ミクロ組成性質」という考え方を説明するのに、デヴィッド・アームストロングの「構造的性質」(33)の概念を利用できる。こう言ってもよい。

Pがミクロ組成性質であるのは、ちょうどPが重複部分のない固有の部分 $a_1, a_2 \cdots\cdots a_n$ に完全に分離可能であるという性質の場合であり、それらは $P_1(a_1), P_2(a_2), \cdots\cdots P_n(a_n)$ かつ $R(a_1 \cdots\cdots a_n)$ であるような性質である。(34)

よって、水分子であるということは次の意味でミクロ組成性質である。すなわち、何らかの結合関係にある二個の水素原子と一個の酸素原子をもつという性質であるという意味でミクロ組成性質なのだ。したがってミクロ組成性質は、ミクロの要素によって、すなわち、その性質をもつ対象のミクロ部分と、これらの部分を特徴づける性質や関係によって構成されている。だが、そのような性質はマクロ性質であり、ミクロ性質ではないことをはっきりさせておかなければならない。

　一般化論法がその支持者たちが帰属させるのに十分な一般性をもたないことを示すのには、これらの考察で十分である。とりわけ、排除を主とした心的因果についての心配はミクロ―マクロレベルを越えて広がりはしない。二階の性質についてのブロックの気がかりについて考えてみよう。ここでの主な気がかりは、二階の性質の因果的役割がその一階の実現者による先取によって脅かされるのではないかというものである。すでに指摘したように、二階の性質とその実現者はミクロ―マクロ階層でまったく同じレベルにあり、二階の性質の因果性についての心配はレベル内の心配であって、ミクロ―マクロの境界を越えないのである。第二講義でわれわれが考察した種類の排除を主とした諸々の論証は、それゆえにミクロ—マクロレベルにわたって一般化されることはなく、ブロックやヴァン・ギュリックやその他がそれらの論証のせいにしたような極端な結論をもたない。つまり、すべての因果的な力が浸出して、しまいにはミクロ物理のもっとも基礎的なレベルに堆積することになるか、もしそのようなレベルが存在しなければすべて尽きてしまうという結論はもたないのである。

　そのような結論になりえないということは、きわめてありふれた例からも明らかだろう。このテーブルは十キログラムの質量をもち、十キログラムの質量をもつというこの性質は理解しやすい一連の因果的力を呈する。しかし、このテーブルのミクロ構成者やその適切な部分のうちのどれもこの性質をもたないし、それが呈する因果的力ももたない。H_2O分子は酸素原子や水素原子がもたない因果的力をもつ。何千ものニューロンからなる神経組織の集まりは、それを構成するニューロンやその下位部分（subassembly）の性質の因果的力を超える因果的力をもつ性質をもち、人間はわれわれひとりひとりの器官がもたない因果的力をもつ。その場合明らかなのは、マクロ性質はそれら自身の因果的力を、すなわちそのミクロ構成要素の因果的力を超える力をもちうるし、一般には現にそれをもっているということである。これは自明だが、心に留めておくべき重要な点である。

　だが、心的因果に反対する、スーパーヴィーニエンスの影響を受けた考察、つまり第二講義で取り上げたような種類の考察はどうだろうか？　第一講義で見たように、すべての性質はミクロ—マクロ階層における低次の性質に、そして最終的にはミクロ物理的性質にスーパーヴィーンするのではないのか？　そして第二講義の論証（「スーパーヴィーニエンス論法」）は、スーパーヴィーンする性質の因果的力がミクロ物理的基盤性質による先取によって脅かされることを示しているのではないのか？

ミクロ物理的またはメレオロジカルなスーパーヴィーニエンス、つまりすべての性質のミクロ物理的性質および関係に対するスーパーヴィーニエンスについて語るとき、われわれはかなり大ざっぱな言い方をすることがよくある、というのがその答えである。われわれはまさにそのような主張に含まれるものを理解しなければならない。あるものsのある性質Pが、sについてのミクロ物理的性質や事実にスーパーヴィーンすると言うとしよう。われわれが言おうとしているのは、ひとたびsのミクロ構成要素とこれらの構成要素を特徴づける性質や関係が決まれば、sがPをもつという事実あるいはsがPをもつかどうかが決定されるのだということである。これが意味するのは、Pがスーパーヴィーンする基盤性質はミクロ組成性質だということ、すなわちかくかくの性質をもちしかじかの関係によって設定される（configured）これこれの固有の部分をもつという性質だということである。これはsのミクロ組成であるマクロ性質であり、それ固有の部分のいずれにも属さない性質である。一般に、スーパーヴィーンする性質とその基盤性質は同じ対象によって例化され、それゆえに同じレベルにある。これはまたしてもスーパーヴィーニエンスの概念の単純な帰結である。ソクラテスの善は彼の正直さ、寛大さ、勇気そして知恵にスーパーヴィーンし、スーパーヴィーンされるこれらの美徳とスーパーヴィーンする善を両方とも例化するのは、その同じソクラテスという人物なのである。

ゆえに、ミクロ物理的な、あるいはメレオロジカルなスーパーヴィーニエンスは、実現関係と同じくミクロ―マクロ階層をたどらない。ある性質がメレオロジカルに次の性質にスーパーヴィーンしているような一連のスーパーヴィーニエンス性質は、ミクロの方へ深く下りていっても、ミクロ―マクロ階層においては同じレベルにとどまるのであり、それは実現関係によって秩序づけられた性質が同一レベルにとどまるのと同じである。このことは、スーパーヴィーニエンス関係を活用したスーパーヴィーニエンス論法が、マクロレベルの因果的力を無化したり、なじみ深いマクロ対象とその性質を因果的に不能にしたりする効果をもたないということを意味する。

このことは一般化論法によってあげられた論点のうちいくつかの答えにはなるが、すべてに答えるわけではない。答えを与えられたのは、この世界で因果的活性のあるただひとつの動作主は素粒子とそのミクロ物理的性質だということになるかもしれず、そして、テーブルやいすや脳のようなわれわれのなじみ深い日常経験の対象とそれらの性質は因果的力を奪われてしまうかもしれないという心配の部分である。しかし、一般化論法にはきちんと扱われていなかった部分がある。その部分とは次のことである。スーパーヴィーニエンスのために心理的性質の因果的能力が面倒を抱えるならば、それは化学的性質や生物学的性質のような他のすべての特殊科学的な性質を同じ種類の困難に巻き込むのではないだろうか？　というのも、一見したところスーパーヴィーニエンス論法の核心は、性質Pが基盤性質P*にスーパーヴィーンするならば、P*はPの因果的身分を先取する恐れがあるという単純な考え方にあるからだ。この論法はきわめて一般的で、Pが心的性質でP*が物理的性質であるという事実とは何の関係もないように見える。だから、その論法が有効なら、スーパーヴィーンするすべての性質の因果的能力にとって不利に働くだろうし、生物学的、地質学的およびそれ以外の特殊科学の性質が心的性質と同じ意味でスーパーヴィーニエンス性質なのだと信じるのに十分な理由があるのだから、その論法はこれらの性質にも同じように不利に働くだろう。スーパーヴィーニエンス性質とそれらの基盤性質の両方が同じ対象の性質であり、したがって同じ存在論的レベルに属することを当然と見なすならば、レベル内因果的排除の問題はなおも残る。われわれが示してきたのは、因果的排除問題はレベル間の問題ではないということだけだ。次回の講義でこの問題に戻るつもりである。[35]

第四章　還元と還元主義——新たな姿

「還元」「還元主義」「還元主義的理論」「還元主義的説明」のような表現は、洋の東西を問わず、哲学においてのみならず今日の知的文化一般においても軽蔑語となってきた。それらは、知的に無邪気であり時代錯誤であるとして体面を傷つけるために、批判の標的に向かって投げつけられる蔑称であった。厳粛な哲学において用いられるのでなければ、ある人を高度な文化的出版物の中で「還元主義者」と呼ぶことは、単なる批判や学説上の不一致どころではすまない。それはある人物をやり込め、彼および彼の仕事を嘲ることなのである。われわれはかつて左翼機関紙で「ブルジョワ還元主義」について読んだものだった。今では文化や人種、ジェンダー、社会階級に関する著作において、きまって「生物学的還元主義」「社会学的還元主義」「経済学的還元主義」といった批判に出くわす。哲学的問題において偏見を排除した立場でいたければ、還元主義および還元主義者に近づく気にはならないだろう。明らかに還元主義的プロジェクトと思われるものに従事している哲学者が、自らを還元主義者と称したり、自らの仕事を還元主義的プログラムだと喧伝したりしないことに注目すると面白い(1)。還元主義戦略の全般的な復権は、少なくともここでわたしが試みようとすることではない。わたしが行いたいのは、われわれの現在の関心に関連する意味で還元をどう理解するのがいちばんよいか、何が心身の還元主義を動機づけるのか、そしてその損失と利益はどのようなものになるのかを検討することである。わたしは、心についての還元主義が真剣で積極的な哲学的立場であり、最終的にわれわれがそれを斥けることになっても、正当な理由でそうすべきなのだとあなたを説得できればよいと思っている。また、この最終講義で注意を向けるべき未完成の仕事もある。とくに、一般化論法と呼んだものについてもう少し述べておく必要がある。思い出してもらいたいのだが、一般化論法とは、心的因果に反するスーパーヴィーニエンス論法やそれに関連した考察が他のすべての特殊科学的性質に当てはまり、このことは心的因果の問題が無意味であることの証拠であるという主張である。心的因果の問題の一般化可能性という論点に最終的な考察を加えることによって、われわれは心身問題および心的因果に関してどのような選択肢が開かれているかについて何らかの決定的な見解をもつに至るだろう。

1　ネーゲルの還元――「橋渡し法則」にまつわる困難

第一講義の終わりの方で、わたしは理論の還元についてのネーゲル的な導出モデルを、とりわけそれを心身の還元主義をめぐる議論で用いることを批判し、還元の別の見方、すなわち機能的モデルを強く勧めた。すでに指摘したように、ネーゲルのモデルは、その限界が広く指摘されてその変種がたくさん登場したものの、過去三十年にわたって還元および還元主義の哲学的議論を牽引してきた。(2) ネーゲルモデルの核心にあるのは「橋渡し法則」であるが、これは還元の対象とされた理論の語彙と基盤理論のそれとの間に本質的な還元のつながりを与え、それによって対象理論をその還元者から導出することを可能にする。そのモデルを哲学的に適用する際には、この橋渡し法則は、還元される理論のそれぞれの基本的な述語について、基盤理論において法則論的にそれらと外延を共にする述語を与える双条件法の形をとると仮定するのが慣例であった。還元主義が議論される際の用語が形而上学的な変化をとげ、性質の話が再び尊敬を集めてきたとき、橋渡し法則の必要条件は、還元される当該の領域の性質それぞれに、基盤領域でそれらと外延を共有する（少なくとも法則的必然性をもって外延を共有する）性質が与えられなければならないということを述べるものと理解されるようになったのである。

実のところ、ネーゲル自身は自らの橋渡し法則が双条件法の形をとることを必要としていない。彼の焦点は、還元される理論の法則が基盤理論の法則から導出可能であるということにあり、彼が望んだのは導出を可能にするだけの数と強さをもつ橋渡し法則だけだった。けれどもこのことは、どのような橋渡し法則が必要であるかの問題を考察されている特定の理論の組に依存するにまかせ、二つの理論の述語や二つの理論の領域における性質がどのように関連しあって一方の理論の他方の理論への還元を可能にするかについて言える一般的なことは何もないままにしてしまう。これが意味するのは、二つの確定し完成された理論がなければ、われわれはどのような橋渡し法則が還元に必要とされるのかについて有用なことは実際には何も言えないということである。しかし、われわれは哲学者として、最終的な理論が届く前に還元可能性および還元主義について議論したいと切に望んでいる。とくに心身の場合は、心理学のみならず、その還元基盤と称される神経生物学やその類のものもとても完成形とはいえず、永久にその段階に達しそうにない。さらに、橋渡し法則の入手可能性が理論のネーゲル式還元可能性の問題にとって決定的な要素であるのは明らかだ。このことに照らし合わせると、橋渡し法則は双条件法でなければならないという考えは見事に道理にかなう。対象領域のそれぞれの述語または性質たとえばMが、基盤領域と外延をともにするPと相関関係をもちうるならば、そのこと自体がネーゲル的還元を保証する（理論が両方とも正しいと仮定する）。Lが還元される理論の何らかの法則であると仮定しよう。Lは双条件件的橋渡し法則を経て基盤理論から導出されるかされないかのどちらかである。もし導出されるなら、Lについてネーゲル的還元が成立する。導出されないなら、定義として橋渡し法則を用いる基盤理論の語彙でLを書き直し、この書き直しを基盤理論の付加的法則として付け加えよ。そうすればLはその強化された基盤理論の法則から橋渡し法則を介して導出可能となるだろうし、またしてもネーゲルの導出可能性条件を満たす。このLの書き直しは、もっぱら基盤理論の語彙で表現された真である法則類似的一般化であり、もとの理論はその領域の内部に真である一般化をもたないという点で不完全なのである。このように基盤理論を拡大することは、その存在論もイデオロギー（つまりその概念体系）も拡張せず、還元の科学的あるいは哲学的興味を損なうことは決してない(3)。

それでは、$M \leftrightarrow P$という形の橋渡し法則を考え、この場合Mは対象領域の性質でPは基盤領域の性質であるとしてみよう。そのような法則に関しては、考察の必要な三つの重要な問題があると思う。

(i)入手可能性問題　これはタイプ物理主義に反対する多重実現論法によって明示的に提起され、その後あらゆる特殊科学の性質に当てはまるようその他の立場によって一般化された問いである(4)。このごろではなじみ深いものとなっているが、この論法の要点は、いかなる高次の性質Pも低次の性質Q_1、Q_2……に多重実現者をもち、その結果、Pに単一の低次の相関物Qを与えて$P \leftrightarrow Q$の形の双条件的橋渡し法則を与えることはできないという観察に基づく見解である。それゆえに、Pはある単一の低次の性質に還元できず、より一般的に言えば、このことは双条件的橋渡し法則の要請は満たされないということを示しているのである。それはともかくも論証である。

デイヴィドソンは心身の還元主義の威力を失わせるために心の非法則論をとり、とくに心的な性質と物理的な性質を結びつける法則は存在しないという主張を採用する。心の非法則論のもとでは、心的なものと物理的なものとの間には、双条件的なものは言うに及ばず、いかなるタイプの橋渡し法則も存在しえない。よって、パトナムの多重実現論法とは異なり、デイヴィドソンの論法は橋渡し法則が双条件的であるべきだという仮定に依存しない。多重実現可能性についての考察にしても、関連する二つの領域を結びつける法則が存在しえないことを示したことにはならないのは明らかである。実際、Q_iがMの実現者ならば、$Q_i \rightarrow M$ は法則論的必然性をもって成り立つにちがいない。デイヴィドソンの論法とパトナムのそれとの間にはさらに違いがある。先に指摘したように、多重実現論法は心理学以外の他の特殊科学性質にすばやく自然に一般化されるように思われる。しかし、デイヴィドソンの論法は心の非法則論に依存しており、したがって心的現象（とくに命題的態度）の特殊な性格とされるものに、つまりその規範性と合理性に依存している。こういうわけで、彼の論法が心的領域以外に一般化できると考える道理はないのである。ともかく、次のような理由でわれわれはここでこれ以上デイヴィドソンの論法を考察しない。その理由とは、デイヴィドソンが近年強調してきているように[5]、彼の心の非法則論は心的なものと物理的なものの間の「厳密な法則」と彼が呼ぶものの存在を否定するだけであり、厳密な法則についての彼の理解によれば、結局のところ基礎物理学（または、デイヴィドソンの言葉では「発展した物理学」）においてのみ厳密な法則が存在しうるということになるからだ、というものである。デイヴィドソンは自らの反還元主義的論証の基礎を心の非法則論に置くので、還元に用いられる橋渡し法則は厳密な法則であるべきだと要求するはずだ。だが、彼の説明では、基礎物理学以外のどこにも厳密な法則は存在せず、そこから科学のどこにも還元は存在しえないということが帰結する[6]。このことが示すのは、デイヴィドソンの還元の考え方が狭すぎかつ非現実的すぎるあまり哲学的な関心をそれほど引かないということである。科学に何らかの還元が存在するなら、関連する二つの領域を結びつける厳密な橋渡し法則が存在するか否か（すなわち心身の非法則論が正しいか否か）という問題は、還元および還元主義にふさわしい問題ではありえないのだ。

多重実現主義者から提起された入手可能性問題に対しては、考えられる二つの応答がある。⑴選言戦略と、⑵種または構造特有の橋渡し法則および（「全域的」または「均一的」還元と区別されたものとしての）「局所的」還元への移行である。[7] 選言戦略とは、簡単に言えばこのようなものである。Mがたとえば P_1、P_2、P_3 において三つのしかたで還元可能ならば、$P_1 \vee P_2 \vee P_3$ という選言を基盤領域におけるMの共外延物と見なしたらどうか？　明らかに、P_i のそれぞれがMの実現者ならば、（少なくとも）法則論的必然性をもって $P_i \rightarrow M$ が成り立ち、諸々の P_i がすべて法則論的に可能となるMの実現者ならば、$M \leftrightarrow (P_1 \vee P_2 \vee P_3)$ が成り立つ。けれども、選言への動きについての議論は（後の節に先送りにし、種または構造に特有な橋渡し法則を介した局所的還元という考え方に注意を向けよう。

たとえば痛みのような心的状態の神経的相関物が種に特有であること、すなわち、痛みは人間においてある神経状態と相関しまたそれによって実現され、タコにおいては異なる神経状態によって実現され、火星人においてはおそらく何か電気化学的な状態によって実現されることは、多重実現論法の支持者によってしばしば暗黙に想定される。そしてこのことは、N_1 が人間における痛みの実現者ならば、人間に限って次の双条件法が成り立つという意味だと理解される。その双条件法とはつまり、「H」が人間であることを表すとすると、$H \rightarrow$（痛み $\leftrightarrow N_1$）だということである。人間におけるすべての心的状態に当てはまるこれらの双条件法の支配的なシステムは、たとえば人間の心理学は人間の神経生物学に、犬の心理学は犬の神経生物学に、火星人の心理学は火星人の電気化学に、などというようにネーゲル的導出で還元することを可能にするだろう。ネーゲル的還元モデルを動機づける一般の哲学的および方法論的観点からすれば、種に限定した「局所的」なこれらの還元は十分に還元である。心の物理的土台が人間や犬や火星人で異なるのならば、はじめからそれ以上の何を期待し望めるというのか？

しかし、局所的還元に関しては三つの問いを提起できる。第一の、多くの哲学者[8]によって提起された問いは、多重実現が生物学的種よりも深く広く進行し、同じ個体においてでさえ、ある心的状態や機能の神経的実現者や相関物は時がたてば成長や脳損傷によって変わるかもしれないことを指摘するところから始まる。わたしはこのことは正しいと思うけれども、その論点は実践的には的を射ていても形而上学的観点からすれば見当違いである。おそらく、種を同じくする二つのものがある単一の心的状態にとって異なる実現者をもつならば、それはおそらくそれらの神経システムの組織が異なるからだろう。成長や脳への損傷はわれわれの心的生活の根本的な神経上の基礎に変化を惹き起こすことがあるし、そういう理由で異なる神経状態が時間がたてば同じ心的状態を実現するようになるのだが、同種のものは大体において類似した神経システムを現に共有しており、心理学はこのことによって可能なのである。人間の心理学が、その科学的探究を可能にし、実践的に無駄ではないものにするほどに均一的であるというのは、偶然的で幸運な事実である。[9]けれども、人間の心理学の均一性は、それが成り立つ程度にではあるが、われわれの神経システムの類似性すなわち人間生理学の均一性によるものである。人間たちの中の至るところに、そして時間を経た同じ個体にむやみに異種的な（heterogeneous）多重実現が存在するという最悪の状況では、それでも（心理学が実際に物理的に実現されるなら）構造特有の双条件的法則が存在するのであり、たとえその生存における特定の瞬間での単一の個体についてでしかなくとも、依然としてまったく申し分のない局所的還元が生じうるのである。心理学が物理的に実現されるという考え方は、心理学的規則性を生じさせ、心理学的説明の基礎をなすのは心理学的状態の実現者のもつ物理的性質であるという考え方である。極度に多様で異種的な形で実現が行われるならば、あらゆる人間存在のあらゆる瞬間での心的状態の神経的実現者を探すことにはもはや面白みもやりがいもない。科学としての心理学がこういう状況のもとで可能であるならば、それは膨大かつ奇跡的な偶然の集まりによるものだろう。その際われわれは、多重実現可能性を極度まで押し通しても局所的還元の考え方を論駁することにはならないと結論してよい。それはただ局所的還元をよりきめ細かく原子論的にし、おそらくそれを実践的にやりがいのないものにするだけだろう。

局所的還元にまつわる第二および第三の問題はより深刻で、単純な反論ではなく本質的な解答を必要とする。事実、これらの問題は局所的還元や種に特有の橋渡し法則にだけでなく、ネーゲル的還元やそれの橋渡し法則への適用という考え方全体に深刻な難題を提起する。橋渡し法則一般に戻って二つのさらなる問題を考えてみよう。

(ii) **説明問題**　C繊維の刺激は痛みと相関する（痛みを感覚しうるすべての有機体、あるいは人間や高次のホ乳類においてといっても違いはない）。しかしなぜ？　なぜC繊維が興奮しているときに痛みを経験し、A繊維が興奮しているときには経験しないのか理解できるだろうか？　かゆみやくすぐったさではなく痛みがどうしてC繊維の興奮と相関するかわかるだろうか？　C繊維やその刺激のいったい何が痛みや傷つく感覚の発生を説明するのか？　いったいどうしてC繊維が興奮するときに感覚の質が経験されるのか？　意識は物理的・生物学的「基礎条件」によっては説明できない創発的性質であると創発主義者が主張したとき、彼らが答えを出すのをあきらめたのがこれらの説明問題であった。彼らにとっては何よりもまず、あるいは少なくとも重要な意味で、還元が説明の手続きであった。還元はある現象がより基礎的な現象からどうやって生じるかをわかるようにしなければならず、それがわれわれの目標なら、もっともわたしはそうであるべきだと信じているのだが、説明ぬきの補助前提と見なされる橋渡し法則をそなえたネーゲルの導出的還元はわれわれの心の理解に少しも進歩をもたらさないだろう。なぜなら、心の説明への要求の核心にあるのはこれらの橋渡し法則の説明であり、なぜまさにこれらの心身の相関が存在するのかについての説明だからである。われわれが心身のスーパーヴィーニエンスについて同様の問題を提起したことを思い起こしてほしい（第一章）。心理学のネーゲル的還元が、心身スーパーヴィーニエンスを説明ぬきの厳然たる事実と見なすのに似ているのは明白である。

わたしは物理主義者が説明問題を真摯に受け止めるべきだと思う。それは物理主義によればあらゆる現象は物理的に説明可能でなければならないということではない。たぶん物理的に説明できない物理的現象もあるだろう。すなわち、この世界は物理的世界であるが、十分には物理的に説明できないかもしれない。また、説明できるすべてのことの物理的説明を形成するのに実際に成功することを要求しているのでもない。われわれは十分に賢くはなく、十分に勤勉でもなく、十分に長生きしないかもしれない。しかし、見たところ基礎的な物理的現象に属さない現象のシステム全体が物理的説明を拒むならば、そしてとりわけどこからどうやって始めたらよいのかさえもわからないならば、そろそろ自らの物理主義的コミットメントを考え直すときだろう。

よって、ネーゲル的還元は、全域的であろうと局所的であろうと、説明を行う還元を与えてはくれない。すべての現象が基礎物理理論にネーゲル的に還元されたとして、その物理理論の完全版をわれわれが手にしていると想定しよう。それでも世界は神秘に満ちており、われわれの完成された物理学を受け付けない神秘に満ちているのである。

(iii)**存在論的問題**　還元は単純化するものでなければならないというのはまちがいなく分析的（に真）だろう。何といっても還元（reduction）は減らす（reduce）ものでなければならないのだから、われわれは還元がより単純な体系をもたらすことを期待する。それはより単純な概念体系であり、より単純な仮定体系であり、より単純な存在者の体系である。この点に関して、M↔P の形の橋渡し法則は見たところ様々な点で不十分である。M↔Pは偶然的な法則と想定されるので、MとPの概念は別個のままである。したがって、橋渡し法則は概念をまったく単純化しない。さらに、われわれは性質MとPを結びつける偶然的な双条件法「であるときそしてそのときのみ（iff）」しかもち合わせないので、MとPは依然として別個の性質であり、存在論的に単純化されない。局所的還元の考え方は状況を悪化させるように見える。Mと同一視できる候補と考えられる単一のPさえも存在せず、多くのMの実現者P_1, P_2,……があるのだ。確かに、ネーゲル的還元は、還元される法則が還元者による導出というしかたで吸収されることにより、単純化された法則の集合を与える。しかし、そうして勝ち取られた単純性は大部分が幻想である。基盤理論の新たな基本法則として橋渡し法則を追加するという代償が支払われ、さらには、これらの法則は新たな記述名辞をもたらすことにより基盤理論の言語と存在論の両方を拡張するだろう。とにかく、ネーゲル的還元が何ら存在論的単純化を与えず、われわれが還元の考え方に結びつけるのが当然である直観的な「〜以外の何ものでもない（nothing over and above）」に意味を与えていないというのは、形而上学的に重要な事実である。

心理学を物理理論に還元するネーゲル的還元の哲学的不毛さは、創発主義や、二重側面説やエピフェノメナリズム、予定調和の学説のようなその他多くの形の二元論において、心理学の純然たる導出的還元を除外するものが何もないという事実を省みるときに明らかになる。実体二元論もまた、それ自体ではネーゲルの心理学の物理理論への還元を除外しない。さらには、これらの二元論の説のうちのあるものは、たとえば二重側面説であるが、われわれの必要とするすべての心身の橋渡し法則を与えることにより心理学のネーゲル的還元可能性を含意する。それゆえ、心が橋渡し法則を介して物理的なものにネーゲル的に還元できるかどうかという問いは有意味な形而上学的問題ではありえないことがわかる。また、ネーゲル的還元を前提とした還元主義の論駁もまた、有意味な哲学的貢献と考えることはできないのである。

2　還元の機能的モデル

還元に存在論的単純性を望むなら、われわれはどうにかして橋渡し法則M↔Pを同一性M＝Pに強める方法を見つけ出さねばならない（議論を単純化するために、しばらくは多重実現の問題を無視しておき、Mは単一の相関物または実現者をもつと仮定しよう。この章の後の方で多重実現に戻る）。これらの同一性のよいところは、それがさらに橋渡し法則についての説明問題に答える役割もするということである。MとPがともに例化されるのは、それらが実際に同じひとつの性質だからである。同一性は説明問題が形成されうる論理空間を取り去る。「ヒラリー・ロッダムが現れるときと場所に常に大統領夫人も現れるのはなぜか？」という問いに対し、「ヒラリー・ロッダムは大統領夫人である（から）」という以上に的確または決定的な答えはないのである。

MとPが両方とも内在的性質で、それらを結びつける橋渡し法則が偶然的ならば、それらを同一視する望みはない。別個の性質はまさしく別個なのであり、それらが同じであるかのように装うことはできない。何人かの唯物論者が言いがちなように、「だがなぜそれらが同じひとつのものだと言うことはできないのか？　そう言ってはいけない理由を示してくれ！」と言うのがよい哲学だとはわたしは思わない。われわれは、別個であるように見えるものが実際には同じひとつのものだと言うだけの積極的な理由を与えるよう試みるべきだと思う。さらには、M↔Pが偶然的ならば、MとPとの同一化は、クリプキによってかなりの説得力をもって擁護され、今でも広く受け入れられているテーゼと、つまり名辞が「固定的（rigid）」であるような同一性は必然的であるというテーゼと整合するようにするべきである。M＝Pが必然的ならば、MかPのいずれかが非固定的でないかぎり、M↔Pは偶然的ではありえないからである。

このことが示しているのは、第一講義の終わりのほうで描写した、還元の機能的モデルに戻るべきだということのみである。まとめるとこういうことである。性質Mを基盤性質の領域に還元するためには、まずMを関係的または外在的に解釈または再解釈することにより、Mに還元の準備をさせなければならない。これによりMは関係的・外在的性質になる。機能的還元について、われわれはMをその因果的役割によって定義される、すなわちその（典型的）原因と結果を記述する因果的特定化条件Hによって定義される二階の性質として解釈する。ゆえにMは今やこれこれの因果的潜在力を備えた性質をもつ性質であり、性質Pは結局その因果的特定化条件に合致する性質だということになる。そしてこのことは、MとPとの同一化[10]の根拠となり、Mは特定化条件Hを満たす何らかの性質をもち、

PはHを満たす性質なのである。よってMはPをもつという性質である。だが一般には、性質Qをもつという性質＝性質Qである。そのときMはPであることが帰結する。[11]

　わたしはすでにそのような機能的還元の例をいくつか提示した。温度の還元と遺伝子の還元である（第一章参照）。還元されるべき性質Mの機能的解釈は、なぜM↔Pの相関関係が成り立つのかの説明として、そしてM＝Pの同一性の根拠として役立ち、同一性を伴わないありのままの橋渡し法則に対して提起される説明問題と存在論的問題の両方に納得のゆく解答を与える。レベル間[12]の還元のほとんどの事例は、わたしがちょうど今概要を述べたモデルに当てはまる。その過程の決定的なステップとは、もちろん還元されるべき性質の機能化である。実際、機能化可能性は還元の必要条件である。すでに述べたように、M_iとP_iが両方とも本来別個の内在的性質ならば、相関関係M_i↔P_iの↔を＝に置き換えるのはまったく問題外で、相関関係はそれ以上説明できない厳然たる事実と見なされるべきである。

　Mを機能化することはMを非固定的にすることであり、このことは容易に理解できる。Mは他の性質との因果的・法則的関係によって定義され、これらの関係は偶然的なので、つまりある世界で支配的な法則次第なので、ある性質がMに決定的な因果的・法則的特定化条件を満たすかどうかは偶然的な事実なのである。[13]このことによって実現関係は世界によって様々となり、M＝Pの同一性は形而上学的に偶然的となる。このことは困難につながるのか？　クリプキは、「熱は分子運動である」とか「遺伝子はDNA分子である」のような「理論的」または還元的同一性は形而上学的に必然的だと論じた。[14] けれども、還元の機能的モデルでは、M＝Pはまったく偶然的であるわけではないことに注意してほしい。それは法則的には必然的なのである。Pが機能的性質Mの実現者であるか否かは支配的な自然法則によって決定されるのだから、実現関係は同じ基本法則をもつすべての世界にわたって依然として変わらない。よってM＝Pは法則的に可能なすべての世界で（指標世界に関して）成り立つ。ゆえに、「M」は法則的に固定的または準固定的と言ってよいのだ。この結果は正しいように思える。支配的な法則からすれば、DNA分子はこの世界では遺伝情報の運び手であるが、異なる基本法則をもつ世界では、この因果的役割を果たすのはおそらく別の種類の分子だろう。要するに、何らかの理論的な同一性は、とくに機能的還元から生じるそれは法則的に必然的であるに過ぎず、ただ必然的というだけ（*tout court*）ではない。もちろん、すべての還元的同一性が単に法則論的に必然的であるだけだと言う必要はない。水や水であることを機能的性質だと考える必要がないのだから、水＝H_2Oは依然として形而上学的に必然的であり続けることができる。

創発主義者なら、自分たちが創発的だと主張した性質の機能化可能性を否定しただろう。彼らにとってはこれらの性質は本来は内在的な性質であり、それらが創発する過程のもつ因果的な力には還元不可能な、それ自体特有の因果的力を備えている。彼らが創発関係を厳然として説明不可能なものであると考え、創発者をその「基礎条件」に還元できないと考える理由は、しばしば認識論的なしかたで述べられる。つまり、基礎条件についての完全な知識からは、高次でどの性質が創発するかを予測するのは不可能だというのである。たとえば、創発主義者は二〇世紀初頭に、化学的性質はこの意味で創発的だと論じた。分離した状態にある水素原子と酸素原子の完全な知識からは、それらが二対一の比率で結合したとき、結果としてできる実体が透明であり、砂糖は溶かすが銅は溶かさないということを予想するのは不可能である。しかし、これらの例について創発主義者は考え違いをしている。固体物理学はこれらの現象をミクロ物理的事実に基づいて説明してきたし、それを予測することもできる(15)。そのような説明や予測の鍵は、説明されるべき現象や性質の機能的解釈にあると思う。水の透明性を考えてみよう。光線をさえぎらずに伝達する実体の能力としていったんこの性質が機能的に理解されたら、なぜH_2O分子がこの力をもつのかのミクロ物理的説明を形成することに原則上の支障は何もないと思われるだろう。同じ戦略はその上さらに生物学的現象のミクロ物理的説明や予測をも認めるだろう。なぜなら多くの生物学的な性質は物理化学的性質の上の二階の機能的性質と解釈可能なように思えるからだ(16)。

そうなると、心身の議論においてわれわれにとっての中心的な問題とは次のことである。心的なものは還元的説明に必要なある種の機能化を受け入れられるのか、それとも原則としてそのような機能化を受け付けないのか？　心的なものの機能主義的な考え方が正しいならば、それもすべての心的性質について正しいならば、心身の還元は、実践面では実行不可能であるにしても原則としては可能である。これらのことは、古典的なタイプの物理主義と区別されたものとしての機能主義はひとつの形の、現代において実際に主流である形の心身の反還元主義であるという、現代哲学のひとつの知恵である主張に反する。わたしがここで推奨しているのはその正反対である。つまり、心的性質の機能主義的な考え方は心身の還元に必要とされているということである。実際、それは還元可能性にとって必要かつ十分である。これが正しければ、心身還元主義と心に対する機能主義的アプローチは運命をともにする。それらは同じ形而上学的運命を共有するのだ。

志向的なものと現象的なものという心的現象の二つの広いカテゴリーを、両方の側面をもつもの（たとえば感情など）を除外せずに区別するのが慣例であった。志向性は表象的内容を伝える状態である命題的態度にとくにはっきりと現れる。志向性の機能主義的説明の実現性については多くの懐疑論が提示されてきた。とくに、一九六〇年代末に機能主義を紹介したヒラリー・パトナムは近年、内容や指示についての機能主義的説明に攻撃を仕掛け続けているし、ジョン・サールもまた精力的に志向性の機能化に抗してきた[17]。しかし、他の多くの論者と同様[18]、わたしはこれらの議論には依然として納得してはいない。志向性の機能的説明を理にかなう形で阻むものが見えてこないのである。ここでは、この世界の正確な物理的複製物でありながらまったく志向性を欠いている可能世界が存在するとは想像もつかないように思われるとだけ述べておくことにしよう[19]。

わたしは主な困難がクオリアから生じると信じている人たちに賛成である。志向的現象の場合とは違い、クオリアが違う形で割り当てられていたり（クオリアの逆転がある世界）まったく不在であったりする（「ゾンビ世界」）この世界の寸分の違いもない物理的複製を、後者はもっと論争の余地がありそうだが、さほどの困難もなく思い浮かべることができそうに思える。落ちついて本題に入るならば、感覚される経験の現象的な質またはクオリアは、たとえ存在するにしても内在的性質であるようにわたしには思える。[20] 確かに、われわれはそれらの質に言及するのに、普通はヒスイの色やアンモニアの匂い、アボカドの味といった外在的・因果的記述を用いる。しかしこのことは、これらの記述が取り出すものは内在的質であって、外在的または関係的なものではないという主張とまったく矛盾しない（おそらく、われわれが間主観的言及のために関係的記述に訴える必要があるのは、それらが内在的で主観的だからだろう）。二キログラムや華氏三二度のような関係的記述を用いて内在的な物理的性質を物質的対象に帰属させるわれわれの実践と比べてみよう。対象が二キログラムの質量をもつと言うことは、それぞれがキログラム原器（フランスのどこかに置いてある対象かと思うが）とつりあうであろう対象二つと、同じバランスでつりあうだろうと言うことである。それは「二キログラム」の言語学的意味であり、お望みなら概念であると言ってもよい。だが、それが取り出す「二キログラムの質量をもつこと」という性質は、物質的物体の内在的性質である。

わたしはなぜ、クオリアの機能化はうまくいかないと思う一方で志向性については心を開いていられるのか？　ここでは明らかにこの議論の多い問題を展開することはできないし、提案すべき本質的に新しいことは何もない。お気づきのように、クオリアの機能主義的説明についてのわたしの疑念は概して、逆転クオリアとよく知られた認知的考察からの、有名だが異論がないわけではない論証に基づいている。さらに、クオリアと志向性の間の次のような直観的な違いは重要であることがわかる。もし誰かが意識をそなえた装置を、たとえば痛みやかゆみ、くすぐったさのようなものを感じることのできる装置を設計するようにわれわれに依頼したら、われわれにできるのは、ある組織の、それはたぶん人間やネコのような生物学的有機体であり、意識をもちこれらの感覚をもつことをわれわれが知っているかあるいはそう信じているものであるが、そういうものの適切な複製を作ることだけであるようにわたしには思われる。われわれは、意識をもつだろうとわれわれが予測できるまったく新たな種類の組織を理論的推論によって設計することはできない。われわれはそれをどう始めたらよいのか、実際どうやって成功を見積もるのかさえもわからないと思う。その一方で、もし知覚を行い、知覚を経て受容された情報を処理してそれを蓄え、それらを利用して推論を行い行為を導くことができる組織を設計するよう頼まれても、われわれは必ずしもこれらを行うことが知られているシステムの複製を作る必要はない。われわれはそのような能力をもったまったく新たな種類の組織の設計に、われわれの理論および組織の細部に基づいて右の作業を遂行する能力があるだろうと予測できる装置の設計にとりかかることができるように思われるし、あるロボットやコンピュータ制御の装置においてはおそらくわれわれはすでにそうしてきた。明らかにここで決定的な違いをなすのは機能化の可能性である。いずれにしても、もし何ごとかについて創発主義が正しいならば、それは他の何かについてよりもクオリアについて正しいように思える。

3　機能的性質 vs. 機能的概念

今やわれわれは次のような問題に直面せねばならない。Mが二階の性質でPが一階の性質ならば

（あるいはMが外在的・関係的性質でありPが内在的性質ならば、またはMが因果的役割でPがその役割の所有者ならば）、どうしてMはPと同一になるのか？　性質が一階でも二階でもあり、外在的・関係的でも内在的でもあり、役割であってその所有者でもありうるというのはつじつまが合わないのではないのか？

ここまでは、性質や因果的役割とその所有者のような事柄についてやや大ざっぱに語ってきた。少し物事を整理するときである。整理のしかたの概略をこれから述べよう。われわれは、ある領域の性質の上の存在量化によって文字通りに新しい性質の集合を生み出すわけではないということをはっきりと認識することから始めることができよう。別個の性質は別個の因果的な力を呈すべきだというもっともらしい見解をわれわれが受け入れるならとくに、それはまったくの魔法であろう。表記法への単なる論理的操作によってはわれわれは自らの存在論を変えることはできないし、消滅させたり拡張させたりはできないのである。あるものが二階の性質Mをもつことはそれがある特定化条件を満たす何らかの他の一階の性質を備えているということである。そのような一階の性質P_1、P_2、P_3が存在するとしてみよう。そのとき、あるものがMをもつことは、それはP_1をもつかP_2をもつかP_3をもつということである。ここには、対象がその一階の性質のうちのどれかをもつという選言的命題または事実がある。Mをもつという事実は正確にはそういうことである。ここではMそのものをそれだけで性質であると考える必要はなく、もろもろのPを選言肢としてもつ選言的性質だとさえ考えなくてよい。個体を量化することによって新たな個体を作り出せないのと同様に、性質を量化することによっては新しい性質を作り出せないのだ。[21] 誰かがジョーンズを殺し、殺人者はスミスかジョーンズかワンである。ジョーンズを殺した者はスミスとジョーンズとワン以外の人物ではないし、殺人者と同定されるべき「スミスまたはジョーンズまたはワン」といった選言的人物を仮定するのもばかげているだろう。同じことは二階の性質とその実現者にも当てはまる。

だから、二階の性質について語るよりも、性質の二階の記述または指示子について語ったほうが誤解は少ない。二階の指示子は、正準的（canonical）な一階の指示子を用いてわれわれが意図する性質を名指しできなかったり、すすんで名指ししようと思わないときに役に立つ。だから、一定の条件を満たす特定の性質すべてを名指すかわりに、「…P…であるような何らかの性質P」と言うのである。個体を扱っているときも状況は同じである。「わたしはクレイボーン・ペルまたはテッド・ケネディまたはパトリック・モナハンまたは（じきに名前が尽きてしまうか名前もわからないかもしれないが）…と握手した」と言うかわりに、「わたしは昨日歓迎会で共和党上院議員と握手した」とわれわれは言う。もちろん、二階の指示子はおそらく与えられた文脈において不可欠であり、一階の実現者の正準的指示子によっては伝わらない貴重な情報を伝えたりもする。われわれは、ニューポートにマンションを所有しケープコッドに一族用の住宅集落を構える人物についてではなく、共和党上院議員である人物について語っているのだという情報を伝える。痛みの機能的な特徴描写（つまり、機能主義者にとっての「痛み」）を用いるとき、われわれはある入力・出力性質をそなえた状態に言及しているのだということを他人に知らせている。その実現者の神経的な特徴描写は、たとえそれが身近にあるとしても、きわめて日常的な文脈においては不要で不適切だろう。日常的な認識的かつ実践的観点からすれば、二階の性質の指示子の利用はおそらく避けられず、われわれはこれらの指示子が記述やコミュニケーションの目的に必須のしかたで一階の性質を束ねるひとそろいの、役に立ち実用的に欠かせない概念を導入するのだと認めるべきである。科学理論を構築する際に、われわれは自らのもっともすぐれた理論の概念が世界の実在の性質を取り出し、またそれに合致するものであってほしいと願う。現在の見解では、二階の指示子によって導入された概念は、選言の形で一階の性質を取り出す。「xは性質Mをもつ」と言うとき、この場合Mは二階の指示子（どうしてもと言うなら「性質」でもよい）であるが、この言明の「真理メーカー（the truth-maker）」は、xがP_1またはP_2またはP_3をもち、そこでは諸々のPがMの実現者であるような事実または事態である（ここでの「または」は文の選言であり、述語選言ではない。それは意味論的値として選言的性質を伴うような選言的述語を導入するわけではない）。この特殊な事例において、P_2をもつことによってxはMをもち、この場合、「xはMをもつ」の究極の真理メーカーは、xはP_2をもつという事実である。「xはMをもつ」には、「xはP_2をもつ」という事実以外にことの真相（fact of the matter）は存在しないのである。

したがって、わたしはここでは、「自由主義的（latitudinarian）」または「豊穣な」概念と区別して「まばらな（sparse）」性質概念と呼ばれるものを推奨している。前者の極端な形のものは、二つの述語が同じ性質を指示する条件としてとられた同義性や論理的等値性を用いて、あらゆる述語性質を指示または表象すると見なすだろう。この性質らしさ（propertyhood）の理解によれば、二階の述語は実際にそれらの一階の実現者とは別個の性質を表象するだろう。どうしてもと言われれば、関連する性質の寛大な考え方についてはっきり理解している限りでは、われわれにはこれらの二階の性質に何の反論もない。その点をくどくどと述べることはしないけれども、現在の文脈にふさわしい性質の概念がまばらな概念であるのは明らかだと思う。実際、心身問題と心的因果をめぐる今日の議論は、このアプローチのとりわけ強固な、性質の違いが因果的な力の違いを反映しなければならないようなバージョンを暗黙裡に前提している。[22] もしわれわれが同義性を性質の同一性のために必要とするならば、分析的行動主義が一般に破綻したと認められた頃とっくの昔に、還元主義の問題については降参していたはずである。現在心身問題の議論において争われている問題のほとんどは、自由主義的概念によってわかりやすく定式化することさえできないだろう（たとえば、心身問題の議論は心理学的、概念の因果的効力を考慮しない）。

この節の議論を簡単に要約しよう。真に説明的な還元には、還元的導出の説明されない前提として仮定された橋渡し法則では十分とはいえない。まさしくこれらの橋渡し法則こそが説明を要するものだからである。説明的要請を満たすひとつの方法は、橋渡し法則を同一性に昇格させることであり、還元される性質を因果的・機能的性質として、還元基盤における性質について定義される二階の性質として解釈するか再解釈することができれば、これは可能である。そして、より整然とした存在論的・概念的見通しからすれば、われわれは二階の性質指示子や二階の概念に賛同して二階の性質についての話をまるごと放棄したいと望んでもよいし、おそらくそうすべきなのである。[23]

4　多重実現再び

これまでの議論は、機能的還元の対象とされる性質Mが単一の実現者をもつことを仮定してきた。これからはわれわれはMが多重実現者を、たとえばP_1とP_2をもつようなより現実的な事例をどう扱えばよいかを見てゆこう。無限に多くの実現者があるとしても、重要な点では状況は変わらないだろう。まず、われわれはMを性質と見なそうと真剣に考えると想定しよう。これはわれわれがMを$P_1 \lor P_2$という選言的性質として黙認する気になったときに限り実行できるが、この種の選言的性質を斥ける重大な理由がある。その場合、われわれは性質としてMを失う危険性があり、その性質なしでやってゆくようにならねばならないという結論になるだろう。

はじめに、Mがある特定化条件を満たす性質をもつという性質をもち、P_1とP_2はこの特定化条件を満たす唯一無二の性質ならば、MをもつことはまさにP_1とP_2をもつことだと言うのは明白かつトリヴィアルに思われる。それ以外にMをもつ方法はない。

(i)　Mをもつこと　＝　P_1またはP_2をもつこと

しかし(i)は次の(ii)を含意せず、その二つが同じことを述べていると思うのは明らかに性急である。

(ii)　性質M ＝ 選言的性質 $P_1 \lor P_2$

先に見たように、その理由は単純に(i)での「または」は文の選言であるからだ。したがって、(i)が述べていることは、何かがMをもつという事実はそれがP_1をもつかまたはP_2をもつという事実に等しいということである。何かがMをもつことは、それが選言的性質$P_1 \lor P_2$をもつことになるという事実を述べているのではない。この点では、選言的述語「$P_1 \lor P_2$をもつ」の意味論的値としてそのような性質が存在すると考える理由はない。そしてわれわれが述語形成装置として選言をもったり必要としたりすると考える理由もない。ほとんどの目的のためには、述語を分離するように見える「または」は文の選言の省略として完全にうまく理解されるように思われる。たとえば「ボールは赤いかまたは白い」は「ボールは赤いか、またはボールは白い」の省略であり、このような文の意味論は、「赤いく白い」のような選言的述語を必要とせず、それは「彼女はハンバーガーかまたはホットドッグを食べた」という文が選言的軽食を必要としないのと同じである。

しかし、どうして選言的性質を使って困難を切り抜けないのか？　選言的性質としてしかMを救えないなら、それはおそらく選言的性質を許容する十分な理由である。わたしは選言的性質に反対する有名な一般的議論をここで蒸し返すことはしない。[24] これらの一般的議論はそれが及ぶ範囲まではよくできているが、わたしはそれらの議論が十分広くゆきわたっているとは思っておらず、その上それらはその主旨があまり明らかでないことの多い直観的判断に依存しすぎている。そのかわり、選言的性質に反する、より現在の文脈に直接に適した考察をいくつか提示する。

まず因果的・説明的文脈における選言的性質を考えてみよう。ある医学的徴候が、二つのまったく異なる病理学的条件によって惹き起こされうると想定しよう。たとえば、リューマチ性関節炎と狼瘡は両方とも関節に痛みを惹き起こす（と聞いたことがある）[1]。メアリーが関節の痛みを抱えており、検査をすれば彼女が狼瘡かリューマチ性関節炎のどちらかにかかっていることがわかるが、われわれにはどちらなのかわからないとしよう。次のような「演繹法則論的（deductive-nomological）」論証（「ヘンペル的」説明）を考えよ。

リューマチ性関節炎は関節の痛みを惹き起こす。
狼瘡もそうである。
メアリーはリューマチ性関節炎か狼瘡を患っている。
ゆえにメアリーは関節の痛みを抱えている。

ここでわれわれはなぜメアリーが関節に痛みを経験しているかの説明を得るだろうか？　何が彼女の痛みを惹き起こすか知っているのか？　まったく明らかでわかりやすい意味では、われわれはまだ説明を得ていない。われわれが得るのは二つの説明の選言であり、単一の選言的説明ではないのである。

わたしが意味するのはこういうことである。われわれには二つの可能な説明があり、どちらかが正しいことはわかるがどちらが正しいのかはわからない。われわれが得るのは、リューマチ性関節炎または狼瘡を含む「選言的原因」による説明ではないとわたしは主張する。[25] そのような「選言的疾病」は存在しないのだ。

この点では次のように反論されるかもしれない。狼瘡にはいくつかのタイプがあり（わたしの理解する限りでは紅斑性狼瘡と尋常性狼瘡が二つの主なタイプである）、ゆえにわたしの論点は狼瘡のこれらの亜種、そのまた亜種などなどと無限に繰り返し適用されうると。わたしの返答はこうである。紅斑性狼瘡と尋常性狼瘡が実際に異なる疾病ならば、わたしの論点は狼瘡にも同様に適用できる。だがそれは論点が無限に繰り返し適用されるという意味にはならない。必ずしもすべての疾病の下位分類が異なる疾病を与えるわけではない（たとえば、無職男性の狼瘡と官庁の女性職員の狼瘡は異なる疾病ではない）。そしてわたしの論点は、疾病の絶対的で文脈独立的な分類図式があるということには依存していない。要点は、ある文脈で有効などの分類図式のもとであろうと、その図式に則った疾病の選言は、自動的にその文脈における疾病と見なされるわけではないし、普通はそうは見なされないだろうということである。

この論点は他のところで[26]わたしが論じた点と、異種的な性質の選言は投影可能な法則的性質ではありえないという意味で関連する。その議論を簡単に要約しておこう。

(D)　リューマチ性関節炎または狼瘡にかかっている患者は関節に痛みを経験する。

という「選言的法則」を検証したいと思っており、多数の（いわば十万件もの）、たとえばどちらかの疾病をもっていて関節に痛みを抱えている人々のような肯定的な実例を集め、何ら否定的な実例を集めていないと想定しよう。これらの観察はその法則とされるものを確証するだろうか？　必ずしも確証しない。われわれが調べた十万件の肯定的実例のすべてがもっぱらリューマチ性関節炎をもち、狼瘡にかかっていない人たちであると想定しよう。これが事実であるということになれば、われわれは当該の選言的法則が十分に確証されたと見なさないだろうし、また見なすべきではないだろう。実際この「法則」は次の二つの法則の連言と論理的に等値である。

関節炎にかかっている患者は関節に痛みを抱えている。

狼瘡にかかっている患者は関節に痛みを抱えている。

われわれの観察したサンプルは、狼瘡と痛みのある関節についての法則とは何の関係もない。われわれのデータが選言的法則を確証するならば、それによって論理的に含意されるこの二番目の法則をも確証するだろう。ゆえに法則とされたものの選言の前項は投影可能ではなく、法則的な種類のものとは見なされないはずだ。(D)に現れているのは選言の前項を伴う単一の法則ではなく、二つの法則の連言であると考えるのが適切である。これらの洞察は、投影可能な法則的な種類であるという考え方と出来事の種類であるという考え方、そして原因としてふさわしい(よって因果的説明における原因として挙げられる)という考え方との間にある緊密な結びつきを示している。

よって、Mをもつことが選言的性質だと言い張るならば、われわれには結局のところほとんど役に立たない性質しか残されないことになるかもしれない。それが法則において現れうる投影可能な種でなく、因果的説明に役立つことができないならば、それを性質として保持しても何の役に立つのか？その上さらに、それと関係のある考慮すべきもうひとつの論点がある。仮定により、P_1とP_2は異種的な種であり、この異種性が何か重要な意味をもちそうであるならば、それは因果的・法則的異種性でなければならない。さて、Mの何らかの実例はP_1実例かP_2実例のいずれかでなければならず、このことが意味するのは、Mの実例はわれわれが科学的な種から期待する種類の因果的・法則論的同種性を示しそうにないということだ。端的にいえば、多重に実現可能な性質は因果的そして法則論的に異種的な種であり、実際のところそれらの性質が帰納的に投影不可能で、原因になる資格がないのはこのためなのである。[27]

これらの考察は、先に機能的概念や表現を支持して機能的性質の話を避けるためになされた主張を補強すると思う。催眠性やその類の話にまとまりを与えるのは概念的統一性であり、何かその基礎にある性質の統一性ではない。催眠性は、性質としては異種的かつ選言的であり、法則や説明を形成する際に役立つ種および性質にわれわれが要求する種類の因果的同種性や投影可能性を欠いている。だが、ある探究の文脈においてわれわれにとって関心のある特徴を共有する性質を束ねることによって、催眠性はおそらく重要な概念的で認識的な要求にかなうだろう。

それでは、このことすべては還元および還元主義に関してわれわれをどこに置き去りにするのか？　Mを心的性質（または還元を考慮して何か他の性質）とし、還元の機能的モデルがM（またはその仲間）に関わることになったときにわれわれはその状況をどう見るべきか想定しよう。Mの機能的還元はMの機能化を必要とする。機能化がなされたと仮定しよう。またMが異なる種や構造に多重的な物理的実現者をもち、様々な可能世界で異なる実現者をもちうると仮定する。還元とは、考察の対象である種や構造に相対的に（また指示世界に相対的に）、Mをその実現者P_iと同一化することである。たとえばMは種1においてはP_1であり、種2においてはP_2である、などというように。Mのそれぞれの実例がその時点での実現者の因果的力をそのとおりにもつならば（「因果的継承原則」）、実現者P_1の例化ゆえに生じるMの実例が行う因果的・説明的な働きはP_1によってなされるのであり、Mのそれ以外の実例およびその実現者についても同じである。実際、諸々のPが諸々のMの実現者であるところでは、Mの個々の実例はすべてP_1やP_2…の実例である。このことは、Mは種1においてP_1と法則論的に相関するのみで依然としてそれとは別個のものであり、P_2やそれ以下についても同様である、橋渡し法則を介したネーゲル的還元とは対照をなしている。

このようにして多重に実現された性質は、異なる種や構造、そして異なる可能世界における多様な実現者に分離される。統一されていてそれ自体で強固な性質としてそれらの性質を頼りにしたいと思う者にとっては、このことは間違いなく落胆となる。だがわたしは、われわれが因果的継承原則を受け入れて真剣に多重実現の存在を信じる限りでは、われわれが導かれた先にある結論は避けがたいものだと信じる。(28)

この節をしめくくる前に、多重実現の文脈において説明問題が機能的還元によってどう答えられるのかをちょっと考えてみよう。ネーゲルの還元が橋渡し法則を説明しないがゆえに、すなわち、M↕Pが橋渡し法則である場合、Pが生じるまさにそのときになぜMが生じるのかを説明しないがゆえに、それは説明的還元としては不十分であるとわかったときのことが思い起こされるかもしれない。機能的還元に関してこの問題を扱ったときわたしは、PがMの単一の実現者ならば、MのPへの機能的還元がMとPとを同一化する動機を与え、このことは説明問題を解決すると述べた。今やMが多重の別々の実現者、たとえばP_1とP_2をもつならば事情は異なってくる。なぜならMとP_1かP_2のどちらかとの同一化は問題外だからだ。それでわれわれはMと同一視されるべき選言的性質$P_1 \vee P_2$を認めることにいくつかの隠された危険を見てとったのである。わたしはまた、Mを概念と見なし、世界における性質と見なさないよう強く勧めた。しかし、これは問題をかわすことである。われわれにはもっと直接的な解答が必要である。それでは、われわれがMを多重実現者P_1やP_2をもつ性質と見なそうとすれば、説明問題についてわれわれは何を述べるべきだろうか？　MとP_1（またはP_2）の関係について提起されうる様々な説明問題には十分満足のゆく答えが存在するとわたしは思う。なぜシステムsは

tにおいてMを例化するのか？　それはP_1をtにおいて例化しており、P_1はsが属する種類のシステムにおいてMの実現者だからである。つまり、定義により、Mをもつことは因果的特定化条件Hを備えた何らかの性質をもつことであり、sに似たシステムにおいてP_1は特定化条件Hを満たすからである。なぜこれらのシステムはP_1を例化するとき常にM^*でなくMを例化するのか？　それと似たシステムにおいて、P_1はMの実現者であるがM^*の実現者でないからである、などなどという答えがある。これらは十分な解答であり、説明問題に答えるために機能的還元が性質の全般的な同一性を与える必要はないということは明らかであるようにわたしには思われる。

5　スーパーヴィーニエンス論法再訪

思い出してもらいたいのだが、第三講義でわたしは一般化論法に最終的な解決を与えないでおいた。改めて思い起こすと、一般化論法は、心的因果の問題が心配するにあたらないのは、同じ考察をすれば心理学的性質だけでなくすべての特殊科学の性質についてちょうど同じような問題につながるからだということを示すために意図されたものである。この論法の未解決のまま残された部分は次のことである。第二講義で、わたしは心身スーパーヴィーニエンスの学説から心的因果にとっての問題を生じさせようと試みた。これがスーパーヴィーニエンス論法であった。この論法に対してわたしが答える必要のある反論は次のようになる。スーパーヴィーニエンス論法は、心身スーパーヴィーニエンスの事実あるいはその仮定のみを利用しており、心的なものや物理的なものの特殊な特徴とは何の関係もないように見える。生物学的そして化学的性質のような特殊科学の性質を今から考えてみよう。これらの性質もまた基礎的な物理的性質にスーパーヴィーンする。事実、心的性質よりもこれらの性質のために、スーパーヴィーニエンスの存在を信じるよりいっそう強い理由がある（結局のところ、クオリアが物理的なものにスーパーヴィーンするかどうかについて今なお意見の一致はない）。だが、生物学的因果や化学的因果、つまり生物学的または物理的な性質を含む因果関係には何ら特別な問題はないように思われる。したがって、Xの物理的性質へのスーパーヴィーニエンスはXの因果的効力に困難を生じることはありえず、このことは明らかに心的性質にも当てはまる。これが一般化論法の核心であり、今なお論じる必要があるものなのである。

その問題にはいくぶん遠回しなアプローチをしようと思う。物理的性質という考え方について、何が性質を物理的性質たらしめるのかを考えることから始めよう。この問題を提起するにあたり、わたしは定義や一般的基準を求めているのではない。わたしが関心をもつ問題はむしろ次のことである。われわれの基礎物理に現れる通常の性質や大きさ（magnitude）は物理的性質であると仮定すると、それ以外のどの性質が物理的領域に属すると見なすことができるだろうか？　心身問題を議論する際に物理的性質について語るとき、われわれは物理的領域の部分としての物理的性質に化学的、生物学的そして神経的性質を標準的に含める。何を物理的と見なし何を非物理的と見なすかの一般的基準に訴えなくても、この実践に何らかの真理に基づいた根拠を与えることができるだろうか？　それにわれわれが物理的領域の因果的閉包性について語るとき、いったい何が物理的領域に含まれるのか、そしてそれはどうしてなのか？　われわれは基礎物理的性質がこの領域にあると仮定するが、他の何がそれに含まれるのか、そしてそれはなぜ含まれるのか？

非還元主義的な哲学者たちの間には、とくに心的因果の問題を免れるために一般化論法を援用する者たちの間には、十分な理由もなしに物理的領域を極度に狭くとる傾向がある。おそらく、標準的なミクロ―マクロ階層モデルが、因果的に閉じた物理的領域は基礎粒子やその性質と関係のみを含むという考え方を促すのだろう。だがこれは根拠のない仮定である。物理的領域が基礎粒子の集まりやこれらの集まりのそのまた集まり、などなどを無限に含むはずであるのは明らかだ。原子、分子、細胞、テーブル、惑星、コンピュータ、生物学的有機体などなどは問題なく物理的領域の中に入るにちがいない。それでは性質についてはどうか？　基礎粒子の関係と性質に加えて、どういう性質が物理的領域に入ることを許されるのか、すなわち物理的性質に属すると見なされるのか？　一キログラムの質量が物理的領域に入ることを許されるはずなのは明らかで、基礎粒子がこの性質をもっていなくても基礎粒子の集まりはこの性質をもつことができ、それは明らかに物理的性質である。

しかし、一キログラムの質量をもつことがどうして物理的性質なのか？　おそらくこういう問いをするのはばかげているだろうが、ためになるかもしれない答えがある。その答えとは、それがミクロ組成性質であり、その構成者となるのは物理的性質および関係だからだ、というものである。われわれはこの性質を、それぞれが質量mをもち、その場合mの合計は一キログラムであるような固有の部

分 a_i で構成されるという性質として考えることができる。そして物理的領域はミクロ組成性質の形態のもとで閉じていると仮定するのが適切であるように思える。Pが $P_1(a_1), \cdots, P_n(a_n)$ であり、かつRが $(a_1, \cdots, a_n)$ であるような部分 $a_1, \cdots, a_n$ をもつようなミクロ組成性質ならば、$P_1, \cdots, P_2$ とRが物理的性質（および関係）であり、それぞれの a_i が基礎粒子または基礎粒子の集まりであるとき、Pは物理的性質である。

この理解に基づけば、水分子であることは物理的性質であり、水分子によって構成されること（つまり水であること）もまた物理的性質である。これらのミクロ組成性質が物理的と見なされるのは重要なことである、そうでなければ物理的領域は因果的に閉じられないだろうからである。一キログラムの質量をもつことは、それより小さい質量がもたない因果的な力をもち、水分子または水であるという性質は、個々の水素原子や酸素原子に所有されない因果的な力をもつのである。

他に物理的領域に加えてよい性質はあるだろうか？　二階の性質を考えてみよう。二階の性質とその実現者についてのここまでの議論をふまえれば、物理的性質に関して定義されたいかなる二階の性質も物理的であると見なすのはまったく適切であるように思われる。たとえば、Dが物理的性質の集合ならば、「H(P)であるような何らかの性質PをDにおいてもつ性質」という形で存在量化によってDの上に定義されるいかなる性質もまた物理的性質であり、この場合HはDの成員に対してある条件を特定する。条件Hが特定される語彙についてはおそらくもっと多くの言葉を費やす必要があるだろうが、因果的および法則論的概念の語彙は許容範囲内であると仮定してよい。(29) もしそうなら、物理的性質の上の機能的性質は物理的と見なされる。わたしは先に二階の性質指示子の方を選んで二階の性質についての話をあきらめるよう勧めた。この勧めが受け入れられれば、二階の性質の閉包条件は、性質指示子すなわち物理的性質指示子とみなされるべきものに当てはまるよう適切な形で言い換えられてよい。

　したがって、われわれには物理的領域の三つの閉包条件がある。第一に、物理的存在者が集まってできたいかなる存在者も物理的である。第二に、物理的領域における存在者や性質によって、ミクロ組成性質として形成されたいかなる性質も物理的である。第三に、物理的性質の上に二階の性質として定義されたいかなる性質も物理的である。これら以外に閉包条件があるだろうか？　はっきりとはわからない。連言的性質は、もしそれを物理的領域に入れたければミクロ組成の性質の特殊な事例として扱われてよい（ミクロ組成性質の構成要素は固有の構成要素でなければならないという条件を撤回するならばであるが）。P&Qをもつという性質は、部分a_1とa_2によって構成されるという性質であり、そこではa_1がPでa_2がQのとき$a_1=a_2$である[30]。しかし、性質の選言と補集合（否定）はまだである。選言的性質に関して見たように、これらの操作は現在の目的のためには立ち入る必要のないいくつかの複雑な考察を生じさせる。

　化学的性質を許容するにはわれわれの手持ちのもので十分である。いわゆる傾向的性質は二階の性質かミクロ組成性質のどちらかとして含まれるように思われる。透明性が光線を変化させずに通すという性質であると見なすならば、それは二階の機能的性質とされる。透明性が何らかのミクロ構造と同一視されれば、それはミクロ組成性質として分類されるだろう。水溶性や可塑性、熱伝導性、可燃性などのような性質にも同じことが言える。生物学的性質についてはどうだろうか？　くわしく説明するまでもなく、それらは化学的性質のようにふるまうと思う。それらは物理的性質の二つの閉包規則のうちのどちらかによって物理的なものとして分類される。細胞であることはミクロ組成性質であるだろうし、心臓であることは二階の機能的性質であるだろう（すなわち、心臓であることは血液を押し出す力を備えた器官・装置であると見るのが妥当である）。だが人間の心臓が属する種類の物理的・生物学的構造であるということはミクロ組成性質だろう。現実にはミクロ組成性質と機能的性質の間の区別はおそらく厳密ではないし、絶対的ではないだろう。たとえば、それらを構成する性質のいくつかが機能的性質であるようなミクロ組成性質もきっとありうるのである。

先に（第二章で）見たように、機能的性質は、二階の性質としては世界に新たな因果的力をもたらさない。それらはその一階の実現者の因果的な力を超える因果的力をもたないのである。因果的継承原則によれば、[31]二階の性質の実例がもつ因果的力は、そのときに例化される一階の実現者の因果的力と同一（またはその部分集合）である。これが意味するのは、二階の性質は異種的な因果的力を呈するが、それの上に二階の性質が定義されるところの、われわれの領域にすでにある一階の性質の因果的力を超える力は発揮しないということなのである。よって、機能的性質の因果的力については何ら特別な問題はない。それに、もし何らかの心的性質が機能的性質であるということになっても、それらの因果的役割についてもまた特別な問題は何もない。このことはわれわれが主張してきた還元のモデルとうまく合致する。還元とは本質的に機能化であり、心的なものが物理的なものに還元されるならば、われわれはその因果的な力についての特別な問題を覚悟しなくてもよい。たった今見たように、心的性質の機能化はスーパーヴィーニエンス論法から免れることを可能にする。ここで主張された見解によれば、機能的な心的性質は、その多重実現ゆえに因果的に異種的であるが、因果的に不能ではないということになる。これは機能化可能な心的性質の因果的効力の問題を解決する。われわれが因果的な力を説明しようとする際に困難を呈するのは、機能化を拒む心的性質である。機能化が不可能であるにもかかわらず物理的性質にスーパーヴィーンする心的性質が存在しうると考える限りでは、たとえばクオリアがそうであるが、われわれは心的因果の問題に直面するのである。

　ミクロ組成の物理的性質の因果的な力についてはどうだろうか？　これらの性質は、それらの構造によってより基礎的な低次の物理的性質や関係の設定にスーパーヴィーンしている。そして、性質が基本的に因果的な力によって個別化されるならば、われわれはそれらの因果的な力が同じようにスーパーヴィーンしているとも考えるべきである。だが、メレオロジカルなスーパーヴィーニエンスは、因果的力をその部分がもつ因果的力にメレオロジカルに還元することではない。スーパーヴィーンする性質Pの因果的力は、ミクロ組成性質としてPの構成に現れる性質$P_1, \dots, P_2$や関係Rによって固定され、あるいは決定されるかもしれないが、これらの構成要素をなすこれらの性質や関係の因果的力と同一である必要はなく、また同一ではなさそうである。決定と同一性の間には大きな違いがある[32]。さらに、われわれは決定と同一性を両方とも説明可能性と区別しなければならない。ミクロ組成性質の因果的な力はそのミクロ構造的細部によって決定されるかもしれないが、そのようにミクロで構成された性質がいったいなぜこれらの因果的な力をもつのかを説明できないし、実際のところその説明は存在しないかもしれない。これはマクロ性質が創発的でありうるもうひとつの方法だろう。さらに、なぜあるひとまとまりの因果的な力をミクロ組成性質がもつのかをミクロ構造的に説明できるという事実は、これらの因果的な力がミクロ構成要素の因果的力と同一であることを意味しない。ミクロ還元的に説明可能な因果的力は新たな因果的力であり、世界の因果構造に掛け値なしに付け加わるものなのかもしれない。このことは物理主義への基本的コミットメントと何ら矛盾しない。物理主義はミクロ物理主義と同一視される必要はないし、されてはならないのである。

このことが意味するのは、ミクロ組成の性質の事例はスーパーヴィーンする心理学的性質の事例とまったく対応しないということである。後者の事例では、おそらくある神経生物学的性質であるような物理的基盤性質は、心理学的性質と同じレベルにある。それらは両方とも人間や感覚をもつその他の生き物によって所有される。これは一部では心的因果についての問題を生じさせる。わたしによって所有される心的性質の因果的役割は、同じくわたしによって所有される別の性質、神経的性質の先取によって脅かされる。わたしの因果的力は、わたしの神経的・生物学的・物理的性質の因果的力によってのみならず、それらの因果的力としても十分に説明可能なように思える。

この種の困難は、構成要素となる性質に対してミクロ組成である性質には生じない。ひとつひとつをとれば、またグループとしては、後者は前者にスーパーヴィーンしないからである。むしろ、ミクロ組成性質はこれらのミクロ性質を含む特定のメレオロジカルな設定に、ややあからさまで面白みに欠ける理由でスーパーヴィーンする。それらはこれらのミクロ設定と同一なのである。今や、ミクロ構成者の因果的力やそれらの設定のされ方に基づいて、あるミクロ組成性質を計算したり予測したりできるかどうかが興味深い問題である。これは先にそれとなく触れた説明可能性の問題の裏側であり、性質の創発をめぐる議論と密接に結びついている。ミクロ組成性質やそれらの因果的力、そしてそれらについての科学理論の身分についてもっと述べるべきことはあるが、次に移らねばならない。(33)

その場合、われわれは新たな因果的力をミクロ組成の高次の性質に与えるべきだという帰結になる。「新たな」というのは、これらの因果的力がそれを構成するいかなる低次の性質によっても所有されていないという意味においてである。そして、先に見たように、スーパーヴィーニエンス論法はそれらには当てはまらず、それらの因果的役割はスーパーヴィーニエンス論法によっては脅かされないのである。

このことすべてが意味するのは、スーパーヴィーニエンス論法は、他の（同じ次元の）性質にスーパーヴィーンするがそれらの基盤性質による機能化を拒むような心的でない性質に、そういう性質がもしあればの話だが、それらにのみ適用されるということである。すでに指摘したように、その論法はミクロ組成性質には当てはまらない。わたしが勧めたように、機能化を還元として考えるなら、心的因果の問題はそれらの基盤性質に還元できないスーパーヴィーニエンス性質に適用されるのである。

6　選択肢——良い知らせと悪い知らせ

このことは厳しい選択をわれわれに課す。すべての心的性質の機能化を支持する用意があるならば、われわれは心的なものについての全包括的な還元主義を採用しているだろうし、これによって心的因果の問題は解決される。それが良い知らせである。しかし、この種の還元主義的立場によれば、心的性質の因果的な力はただ物理的実現者のそれに過ぎないということになり、心的性質によって新たな因果的な力は何ももたらされない。多くの人はそれを悪い知らせだと思うだろう。だが本当の悪い知らせは、いくつかの心的性質は、とくに意識経験の現象的性質は還元を拒むように見えるということであり、このことは、物理主義の図式の内部でそれらの因果的効力を説明する方法がないことを意味する。これらの性質はスーパーヴィーニエンス論法を乗り越えられないのである。

少なくとも選ばれたグループの心的性質について機能化を拒むならば、われわれは二つの分かれ道をもつ選択地点にさしかかる。もしあなたが（少なくとも因果の物理的閉包性を尊重する範囲で）物理主義にとどまりたいなら第一の道をとり、真剣な形の二元論を支持して物理主義を放棄することに決めたなら第二の道をとることになる（少なくとも心身スーパーヴィーニエンスを放棄する必要があるし、実体二元論をまじめな選択肢と見なさねばならないかもしれない）。物理主義の道に戻ると、もし物理主義にとどまるなら、あなたにはもうひとつの選択地点がある。スーパーヴィーンするがそれでも還元できない（つまり機能化できない）、たとえばクオリアのような心的性質を保持してそれらの因果的不能性を認めるか、心の消去主義を支持してこれらの還元不可能な性質の実在を否定するかのどちらかである。いずれにしてもあなたの負けであり、またも悪い知らせである。

悪い知らせは続く。これら二つの選択肢、消去主義とエピフェノメナリズムとの間には実際にはあまり違いはないのかもしれない。なぜなら、実在であるものと実在でないものとを区別する説得力のある基準は、因果的な力をもっているということだからだ。サミュエル・アレクサンダーが述べるところでは、「なすべきことが何もなく、果たすべき何の目的もない」ものは、つまり因果的な力をもたないものは「廃止されたも同然であり、まちがいなくじきに廃止されるだろう」[34]。ゆえに、何が実在であるかのサムエル・アレクサンダーの基準によれば、消去主義もエピフェノメナリズムも両方とも結局はまったく同じこととなる、つまり心の反実在論である。だが人はこうたずねるかもしれない。還元主義の選択肢のほうがずっとましなのか？　心的なものはそれ自身の特徴的な役割を何らもたず、物理的領域にことごとく吸収されてしまうという結論にはならないのか？　それは何人かにとってはまたしてもある形の反実在論に見えるかもしれず、特有の実在としての心を手放す一方で心的因果を救っても意味がないと考えられるだろう[35]。だから、ほんのわずかな良い知らせももっと悪い知らせに変わってしまうのである。したがって、物理主義から伸びるすべての道は最終的には同じ一点、心的なものの反実在論に収束する。これは驚くにあたらない。物理主義は、実在すべてについての包括的な形而上学的学説としては法外な代償を強要することを思い出そう。このことをどう説得したらよいかわからないのだが、物理的世界の一部として心的なものを保持するほうがエピフェノメナリズムや徹底的な消去主義よりはるかにましであるのは、わたしにとっては明らかであるように思われる。

とにかく、心身問題をめぐる議論を続けるうちにだんだん明らかになってくるのは、性質二元論や非法則的一元論、非還元的物理主義のような、今のところ人気のある穏健な立場は、強固な物理主義に簡単に耐えうるものではないということである。真摯な物理主義者であると同時に非物理的な事物や現象にお付き合いできると思うのは無意味な夢であるとわたしは思う。還元的物理主義は心的なものを救いはするが、物理的なものの一部として救うのである。これらの講義でわたしが論じてきたことがほぼ正しいとすれば、それこそわれわれが物理主義に期待すべきことである。そしてそれこそがわれわれがはじめから予測すべきだったことなのである。物理主義は安上がりに手に入るものではないのだ。

けれども、全面的な二元論のほうが心的なものを救うためのもっと実在論的な機会を提供すると結論するのは時期尚早だろう。われわれの多くにとって二元論は未知の領域であり、どのような可能性や危険がこの暗い洞窟に潜んでいるかほとんどわからないのだから。(36)

原注

第1章

(1) Herbert Feigl, "The 'Mental' and the 'Physical'," *Minnesota Studies in the Philosophy of Science*, vol. 2, ed. Herbert Feigl, Grover Maxwell, and Michael Scriven (Minneapolis: University of Minnesota Press, 1958), J. J. C. Smart, "Sensations and Brain Processes," *Philosophical Review* 68 (1959): 141–156.

(2) U. T. Place, "Is Consciousness a Brain Process?" Part I, *British Journal of Psychology* 47 (1956): 44–50.

(3) Gilbert Ryle, *The Concept of Mind* (London: Hutchinson, 1949)［ギルバート・ライル『心の概念』、坂本・宮下・服部訳、みすず書房、一九八七年］. Ludwig Wittgenstein, *Philosophical Investigations*, trans. G. E. M. Anscombe (Oxford: Blackwell, 1953)［ルートヴィヒ・ウィトゲンシュタイン『哲学探究』、藤本隆志訳、ウィトゲンシュタイン全集第八巻所収、大修館書店、一九七六年］. C. D. Broad, *The Mind and Its Place in Nature* (London: Routledge and Kegan Paul, 1925).

(4) "Psychological Predicates" において。この論文は最初に一九六八年に発表され、後に "The Nature of Mental States" という題名で、Hilary Putnam, *Collected Papers* II (Cambridge: Cambridge University Press, 1975) に再録されている。その論証は簡単に言えばこういうものである。心的状態は異なる種や構造において果てしなく多様な物理的・生物学的実現者をもちうるし、現にもっている（たとえば、人間における痛みの神経的実現者は、おそらく軟体動物の実現者とはまったく違うだろう）、そして結局のところ、いかなる心的状態も

（単一の）物理的・生物学的状態と同一視されない。より詳しくは、わたしの"Multiple Realization and the Metaphysics of Reduction," reprinted in *Supervenience and Mind* (Cambridge: Cambridge University Press, 1993) を参照せよ。

（5）"Mental Event"において。これは最初一九七〇年に発表され、Davidson, *Essays on Actions and Events* (Oxford: Oxford University Press, 1980)［デイヴィドソン『行為と出来事』、服部裕幸・柴田正良訳、勁草書房、一九九〇年］に再録されている。

（6）非法則的一元論についてのデイヴィドソンの初期の論文のひとつは、"Psychology as Philosophy（哲学としての心理学）"との題名を冠している（*Essays on Actions and Events* 所収）。これはおそらく"psychology as a science（科学としての心理学）"との対比を意図したものだろう。

（7）何人かの哲学者たちがトークン物理主義と見なしているものは、デイヴィドソンの一元論とは異なるように思われる。彼らのトークン物理主義は心的性質の実例を物理的性質の実例と同一視するが、ここでは性質Fの「実例」は、Fをもつか例化する何か（出来事、対象）というよりはむしろFのトロープ（または、出来事を性質例化とする理論風にいえば出来事としてのF実例）に近い。この形のトークン物理主義は、実のところわたしが *Supervenience and Mind*, pp. 364ff. で「多重タイプ物理主義」と呼んだものに似ている。

（8）*Essays on Actions and Events*, p. 214.［デイヴィドソン前掲訳書二七三頁。ただし、ここでは新たに訳出した。］

（9）実際には、心的なものの一元論が心身スーパーヴィーニエンスと整合するか否かについては問題がある。スーパーヴィーンするもののスーパーヴィーンされるものへの依存という主張を支持しうるいかなるスーパーヴィーニエンス関係も、何らかの形の「強いスーパーヴィーニエンス」でなければならず（以下参照）、心的なものの物理的なものへの強いスーパーヴィーニエンスは、二つの領域間の法則類似的関連性を否定することとは矛盾すると論じることができる。さらなる詳細については、わたしの"Concepts of Supervenience" in *Supervenience and Mind* (Cambridge: Cambridge University Press, 1993) 参照。デイヴィドソン自身はその後「弱いスーパーヴィーニエンス」のほうを選んだ(彼の"Thinking Causes," in *Mental Causation*, ed. John Heil and Alfred Mele, Oxford: Clarendon, 1993, p. 4 n. 4参照)。これは彼のスーパーヴィーニエンスの主張を彼の非法則論と整合させるが、しかしそれは彼の心的なものの物理的なものへの依存性に疑問を生じさせる。

(10) 心身問題に関する機能主義の多義的な形而上学的立場については、ネッド・ブロック(Ned Block)の"Introduction: What Is Functionalism?" in *Readings in Philosophy of Psychology*, vol. 1, ed. Block (Cambridge: Harvard University Press, 1980) 参照。何人かの機能主義者(デヴィッド・アームストロングやデヴィッド・ルイスのような)は自らがタイプ物理主義を擁護していると考えていた一方で、それ以外(パトナムやフォーダーのような)は彼らがそれを論駁していると思っていたということを指摘しておくのは興味深い。

(11) わたしが知るなかで、この語が(だいたい現在の意味において)一番最初に哲学的に用いられたのは、ヒラリー・パトナム(Hilary Putnam)の"Minds and Machines," in *Dimensions of Mind*, ed. Sydney Hook (New York: New York University Press, 1960) においてである。

(12) ブロックの"Anti-Reductionism Slaps Back," *Philosophical Perspectives* 11 (1997) : 107–132 において。

(13) 別のところで、わたしは古典的な創発主義は非還元的物理主義の最初の表れだと見なすのが適切だと論じた。わたしの"The Nonreductivist's Troubles with Mental Causation," in *Supervenience and Mind* (Cambridge: Cambridge University Press, 1993) 参照。

(14) たとえばJohn Searle, *The Rediscovery of the Mind* (Cambridge: MIT Press, 1992) 参照。創発への新たな関心のもうひとつの兆候は、最近の創発

性についての論文集、*Emergence or Reduction?* ed. Ansgar Beckermann, Hans Flohr, and Jaegwon Kim (Berlin: De Gruyter, 1992) である。

(15) たとえば、Francisco Varela, Evan Thompson, and Eleanor Rosch, *The Embodied Mind* (Cambridge: MIT Press, 1993)［ヴァレラ、トンプソン、ロッシュ『身体化された心——仏教思想からのエナクティブ・アプローチ』、田中靖夫訳、工作舎、二〇〇一年］。とくに "Varieties of Emergence"［邦訳「創発の多様性」］と題された第四部を参照。本書の執筆時点で、様々な研究分野からの、もっぱら科学者たちによる創発性についての新刊の論文集が二冊あり、ヨーロッパ（フランスとデンマーク）で出版の準備が進んでいることがわかっている。一九九七年オベリン哲学コロキウムの議題は「創発性と還元主義」であった。

(16) "Making Sense of Emergence," *Philosophical Studies* 95 (1999), pp. 3-36 で創発性についてより十分な議論を行っている。

(17) David Lewis, "New Work for a Theory of Universals," *Australasian Journal of Philosophy* 61 (1983): 343-377.［デイヴィド・ルイス「普遍者の理論のための新しい仕事」、柏端・青山・谷川編訳『現代形而上学論文集』所収、勁草書房、二〇〇六年］

(18) あるいは、もしそれらの等値性に懸念を覚えるなら、一方を認める人は誰でも他方も認めるだろうと仮定しておけば無難である。この問題についての詳細をより多く知るには、わたしの "'Strong' and 'Global' Supervenience Revisited," reprinted in *Supervenience and Mind*, および Brian McLaughlin, "Varieties of Supervenience," in *Supervenience: New Essays*, ed. E. Savellos and Umit D. Yalcin (Cambridge: Cambridge University Press, 1995) を参照。マクローリン (McLaughlin) の論文はスーパーヴィーニエンス概念のわかりやすく役に立つ概説と分析であり、スーパーヴィーニエンスの必須のガイドである。

(19) たとえば John Post, *The Faces of Existence* (Ithaca: Cornell University Press, 1987) やわた

しの"Supervenience as a Philosophical Concept" in *Supervenience and Mind* を参照。

(20) 心身スーパーヴィーニエンスは実体二元論によってさえ排除されない。

(21) スーパーヴィーニエンス関係を説明する必要については、Terence Horgan, "Supervenience and Cosmic Hermeneutics," *Southern Journal of Philosophy* 22, suppl. (1984), 19–38, および Terence Horgan and Mark Timmons, "Troubles on Moral Twin Earth: Moral Queerness Revisited," *Synthese* 92 (1992): 221–260; Horgan, "From Supervenience to Superdupervenience," *Mind* 102 (1993): 555–586 を参照。わたしの知る限りでは、ホーガン（Horgan）は、物理主義者が心身スーパーヴィーニエンスの物理主義的説明を行うことがなぜ重要なのかを強調した最初の人物である。心的性質のスーパーヴィーニエンスに考えられる説明として心的性質の機能化を最初に示唆したのもホーガンであった。右に挙げたホーガンとティモンズ（Timmons）の論文を参照のこと。

(22) 性質共変化としてのスーパーヴィーニエンスとは整合するが、非対称的依存性を含むれっきとしたスーパーヴィーニエンスとは整合しない形の二元論がある。たとえばスピノザ的二重側面説やライプニッツの予定調和の学説である。創発主義は心身スーパーヴィーニエンスに関与しているように見えるけれども、その基本精神のうちのもう一方、つまり「下方因果（downward causation）」の学説がスーパーヴィーニエンスのテーゼと整合するかどうかは決して明らかではないということもまた指摘しておいてよい。わたしの"'Downward Causation' in Emergentism and Nonreductive Physicalism," in *Emergence or Reduction?* ed. A. Beckermann, H. Flohr, and J. Kim (Berlin: De Gruyter, 1992) 参照。

(23) そのようなものとしての階層モデルはもちろん基底レベルを仮定する必要はない。それは無限に降りてゆく一連のレベルと矛盾しない。

(24) 視覚についての著作の中で、デヴィッド・マー（David Marr）が分析のレベルを三つに分けているのは有名である。計算レベルとアルゴリズムのレベル、それから実装のレベルである。彼の *Vision* (New York: Freeman Press, 1982)〔マー『ビジョン――視覚の計算理論と脳内表現』、乾敏郎・安藤広志訳、産業図書、一九八七年〕を参照。階層モデルの明白な定式化を行ったのは二〇世紀初頭の創発主義者たちが初めてであったように思われる。C. Lloyd Morgan, *Emergent Evolution* (London: Williams and Norgate, 1923) 参照。そのモデルのとりわけ鮮明で役に立つ叙述については、Paul Oppenheim and Hilary Putnam, "Unity of Science as a Working Hypothesis," *Minnesota Studies in the Philosophy of Science*, vol. 2 (1958) 参照。

(25) やや限定的に過ぎるけれども。*Supervenience and Mind* 再録の、わたしの "Supervenience for Multiple Domains" を参照。

(26) 基底レベルが存在すると仮定すれば、あらゆるものが基底レベルの存在者へと一律に分解されるだろうし、次のようなことが証明できるだろう。もしxとyが基底レベルの存在者への分解に関してミクロに識別不可能ならば、それらはミクロに識別不可能である。

(27) この主張の様相の強さは明言しないでおこう。(法則論的、形而上学的、概念的など) 好みの様相により、様々なバージョンの物理的実現説が現れる。以下の議論は概してこの問題とは無関係である。

(28) 標準的なバージョンの機能主義は出力に心的状態をも含むだろう。たとえば痛みの場合には、苦痛の感覚やそれを取り除きたいという欲求のような心的状態である。説明を簡単にするためにこの複雑さはここでは無視する。

(29) 心の機能主義的理解と二階の性質という一般的な考え方は両方ともヒラリー・パトナムによるところがある。後者については彼の "On Properties," in *Philosophical Papers*, vol. 1 (Cambridge: Cambridge University Press, 1975) を参照のこと。機能主義の父が二階の性質という概念をも導入したならば、ネッド・ブロックがたとえば "Can the Mind Change the World?" in *Meaning and Met-*

hod, ed. George Boolos（Cambridge: Cambridge University Press, 1990）でそれを用いるまでこの概念が機能主義の議論に入ってこなかったのは皮肉である。しかし、"On Properties" では、パトナムは実現の概念を表立って二階の性質の概念とは結びつけなかった。

(30) もちろん、二階の性質が存在するならば、ある絶対的な意味で一階である性質が存在するにちがいないことを示すために、ある種の基礎づけ主義的論法を発展させてもよいだろう。

(31) 関係的・歴史的性質が含まれうるかどうかは、もし広い内容の性質が二階の機能的性質と解釈されうるならば問題になりうる。またわれわれは非物理的性質を基盤領域から排除する必要もない。物理的実現説が正しいならば、いかなる非物理的性質も心的性質の実現者ではないだろう。

(32) そのかわりに、原色をもつことは次のように定義できる。Pが最小限の色の集合の要素であるような色の集合に何らかのPをもつことであり、その集合とはあらゆる色がこの集合の要素を付け加えることで作り出されうるようなものである、と。結局のところ、このように定義された二階の性質は本文で定義された性質と同じ実現者をもつ。このことは二つの性質が実際には同じひとつのものであることを意味するのか？ 以下の議論でこの問いに何らかの結果が出る。

(33) もっと正確に言えば、あらゆる鉱物の種Mについて、Pが鉱物Mであるという性質であるようなすべての性質Pである。冗長さを避けるため、しばしば簡潔な方の用語を使おう。

(34) ブロックの "Can the Mind Change the World?" から例を借りた。

(35) ここでは性質についてのいろいろな複雑な問題を回避せねばならない。「内在的」「外在的」とは性質については何を意味するのか、内在的・外在的の区別は絶対的なのか相対的なのか、機能的性質の実現者はそれ自体（それ以外の領域に相対的に）二階でありうるのかどうか、などといった問題である。もちろん、現在の目的のために関連する概念を使えるようになる前にこれらすべての問題を解決する必要がないというのが希望である。

(36) *Supervenience and Mind* 再録のわたしの "Multiple Realization and the Metaphysics of Reduction" も参照。

(37) シドニー・シューメイカー (Sydney Shoemaker) の用法のようなものとして「全般的実現者」を念頭に置くのでなければ。「中心的実現」と「全般的実現」の有用な区別を "Some Varieties of Functionalism," reprinted in *Identity, Cause, and Mind* (Cambridge: Cambridge University Press, 1984) で参照してほしい。Ronald Endicott, "Constructival Plasticity," *Philosophical Studies* 74 (1994) : 51-75 も参照。ここでの議論は、入力と出力の特定化条件がすべてのシステムで恒常に保たれることを仮定しており、それはかなり理想化された (実際には明らかに誤った) 仮定である。確かに痛みの入力と痛みの出力と見なされるものは、純粋に物理的観点からすれば、様々な種について (たとえばタコと人間とでは) 大幅に異なり、人間の間においてさえ著しい違いを呈する傾向がある。

(38) この議論は、性質の個別化がそれらが現れるところの法則とは無関係であることを仮定している。この仮定は少なくとも議論の余地があるが、関連する問題の適切な議論はかなり複雑で、脇に置いておかねばならない。

(39) したがってこれは、そのような還元的同一性は形而上学的に必然的であるという、ソール・クリプキ (Saul Kripke) を思い起こさせる主張と対立する。彼の *Naming and Necessity* (Harvard: Cambridge Univerisity Press, 1980) [クリプキ『名指しと必然性』、八木沢敬・野家啓一訳、産業図書、一九八五年] 参照。その違いはわたしが「温度」やそのようなものを (クリプキの意味での) 非固定指示子と見なすという事実から出てくる。これらの用語は、法則論的可能世界の間でのみ指示的に不変 (stable) である。それらを「半固定的 (semi-rigid)」または「法則論的に固定的」と呼んでよい。

(40) ネーゲル (Nagel) の *The Structure of Science* (New York: Harcourt, Brace & World, 1961), ch. 11 参照。

(41) J. A. Fodor, "Special Sciences, or the Disunity of Science as a Working Hypothesis," *Synthese* 28 (1974): 97–115 参照。

(42) とくに、科学哲学におけるテクニカルな議論以外で。

(43) 科学には、単なる導出であるかあるいは主に導出であるように見える「還元」と呼ばれる手続きがあり、たとえば惑星の運行についてのケプラーの法則のニュートン力学および引力の法則への「還元」や、ある極限値を仮定しまたはそれにアプローチするのにあるパラメータを必要とすることによる、ニュートン物理学の相対論的物理学への「還元」がそうである。だが、これらの事例のいずれもがトリヴィアルでない意味でネーゲルの橋渡し法則と関わるものではないことに注意しよう。

第二章

(1) ピエール・ガッセンディ (Pierre Gassendi) のデカルトへの猛烈な挑戦については、René Descartes, *The Philosophical Writings of Descartes*, vol. 2, ed. John Cottingham, Robert Stoothoff, and Dugald Murdoch (Cambrdge: Cambridge University Press, 1985), p. 238 参照。

(2) フォーダー (Fodor) の "Making Mind Matter More," reprinted in *A Theory of Content and Other Essays* (Cambridge: MIT Press, 1990), p. 156.

(3) Davidson, "Mental Events," reprinted in *Essays on Actions and Events* (Oxford: Oxford University Press, 1980) 〔「心的出来事」、デイヴィドソン前掲訳書所収〕。心の非法則論に賛同したまったく異なる考察については Norman Malcolm, *Memory and Mind* (Ithaca: Cornell University Press, 1977), and Bruce Goldberg, "The Correspondence Hypothesis," *Philosophical Review* 77 (1968): 439–454 参照。

(4) この条件はかつてそうであったほどには広く受け入れられていない。しかし、既知の選択肢はすべてそれ自身困難を抱えており、因果性の法則論的理解は、その多くの変種においてなお「標準見解

(the received view)」であると述べるのが公平である。

(5) この問題が提起されたいくつかの論文を挙げると、Frederick Stoutland, "Oblique Causation and Reasons for Action," *Synthese* 43 (1980): 351–367; Ted Honderich, "The Argument for Anomalous Monism," *Analysis* 42 (1982): 59–64; Ernest Sosa, "Mind-Body Interaction and Supervenient Causation," *Midwest Studies in Philosophy* 9 (1984): 271–281; Jaegwon Kim, "Self-Understanding and Rationalizing Explanations," *Philosophia Naturalis* 82 (1984): 309–320; Louise Antony, "Anomalous Monism and the Problem of Explanatory Force," *Philosophical Review* 98 (1989): 153–187がある。デイヴィドソンは自らの立場を"Thinking Causes," in *Mental Causation*, ed. John Heil and Alfred Mele (Oxford: Clarendon, 1993) で擁護している。この本はキム、ソーザ (Sosa)、そしてブライアン・マクローリン (Brian McLaughlin) によるデイヴィドソンへの応答を収録している。

(6) 厳密でない心理物理法則も含めた厳密でない法則(あるいは「他の条件が同じならば (*ceteris paribus*)」法則) が因果関係を支持することを認められるように、デイヴィドソンの因果性への「厳密法則」の要請がたとえ弱められたとしても、このことは依然として正しい。mが心的な種Mに包摂され、MとP (やpを包含する別の物理的な種P*) を結びつける厳密でない法則が存在するとしよう。これはMがmにpを惹き起こさせる影響力をもつことを示すのだろうか？ とんでもない。なぜなら、mがpを惹き起こすことにNとPを結びつける厳密な法則が適用されるなら、MやあるいはMとPを結びつける法則にそれ以上どんな因果的役割が残されているというのか？ これは「排除問題」のひとつの形であるが、さらなる議論については以下を参照してほしい。

(7) ブライアン・マクローリンは"Type Epiphenomenalism, Type Dualism, and the Causal Priority of the Physical," *Philosophical Perspectives*

3 (1989): 109–135においてこれを「タイプ・エピフェノメナリズム」と呼ぶ。

(8) Jerry A. Fodor, "Making Mind Matter More," *Philosophical Topics* 17 (1989): 59–80. "Thinking Causes," (in *Mental Causation*, ed. Heil and Mele) で、デイヴィドソンはフォーダーの提案を受け入れているように見える。少なくともデイヴィドソンについてなぜこれがうまくゆかないのかを見るには、右の注6を参照のこと。

(9) Ernest LePore and Barry Loewer, "Mind Matters," *Journal of Philosophy* 93 (1987): 630–642.

(10) Terence Horgan, "Mental Quausation," *Philosophical Perspectives* 3 (1989): 47–76.

(11) Davidson, "Thinking Causes," in *Mental Causation*, ed. Heil and Mele. 心的因果を説明するのにスーパーヴィーニエンスを利用しようとしたそれ以前の試みについては、わたしの "Epiphenomenal and Supervenient Causation," *Midwest Studies in Philosophy* 9 (1984): 257–270; reprinted in *Supervenience and Mind*〔ジェグォン・キム「随伴的かつ付随的な因果」、金杉武司訳、信原幸弘編『シリーズ心の哲学Ⅲ 翻訳篇』所収、勁草書房、二〇〇四年、一七〜四九頁〕参照。わたしは *Supervenience and Mind*, pp. 358–362 で、なぜ今はこのアプローチが不適切であると思うのかを説明している。

(12) Stephen P. Stich, *From Folk Psychology to Cognitive Science* (Cambridge: MIT Press, 1983) 参照。

(13) これらの問題の明らかな発展については、Ned Block, "Can the Mind Change the World?" in *Meaning and Method*, ed. George Boolos (Cambridge: Cambridge University Press, 1990) 参照。

(14) この論法のもっと詳細な論述には、Stephen P. Stich, "Autonomous Psychology and the Belief-Desire Thesis," *The Monist* 61 (1978): 573–591 参照。

(15) この種の見解を支持するよく知られた考察がある。たとえば Hilary Putnam, "The Meaning of

'Meaning'," in *Philosophical Papers*, vol. 2 (Cambridge: Cambridge University Press, 1975); Tyler Burge, "Individualism and the Mental," *Midwest Studies in Philosophy* 4 (1979): 73–121〔タイラー・バージ「個体主義と心的なもの」、前田高弘訳、信原幸弘編『シリーズ心の哲学Ⅲ　翻訳篇』所収、勁草書房、二〇〇四年、一六三～二七四頁〕; Stich, "Autonomous Psychology and the Belief-Desire Thesis"; Kim, "Psychophysical Supervenience," *Philosophical Studies* 41 (1982): 51–70を参照のこと。

(16)　ヒラリー・パトナムやソール・クリプキ、タイラー・バージその他大勢の著作に依っている。

(17)　内容をもつ心的状態の因果的・説明的効力に関する問題の啓発的で有益な議論については、Lynne Rudder Baker, *Explaining Attitudes* (Cambridge: Cambridge University Press, 1995) や Pierre Jacob, *What Minds Can Do* (Cambridge: Cambridge University Press, 1997) を参照。

(18)　*Psychosemantics* (Cambridge: MIT Press, 1987), p. 42.

(19)　Terence Horgan, "Supervenient Qualia," *Philosphical Review* 96 (1987); 491–520.

(20)　内容外在主義では、広い内容状態は主体の内的な物理的性質にはスーパーヴィーンしないだろうが、物理主義者はそれらが主体の外在的・関係的な物理的性質にスーパーヴィーンすることを否定しないだろう。本書では、内容外在主義から生じる問題は無視することにしよう。ただし、注17で挙げたベーカー（Baker）やヤコブ（Jacob）の著作は参照してほしい。

(21)　この問題については、わたしの "Postscripts on Mental Causation" in *Supervenience and Mind* (Cambridge: Cambridge University Press, 1993) 参照。

(22)　厳密に言えば、これでは十分とはいえない。ある実例が別の実例を惹き起こすのが、前者がF—実例で後者がG—実例であるという事実によるような事例がさらに存在しなくてはならない。

(23)　この論法はわたしが「因果的・説明的排除の原

則」と呼んだものに基づいている。たとえばわたしの"Mechanism, Purpose, and Explanatory Exclusion" reprinted in *Supervenience and Mind* を参照。

(24) 心的因果の最初の前提として(iv)から始めることもできただろう。(iii)から始めた狙いは、その論法が心的―物理的因果と同様、心的―心的因果に適用されることを示す点にある。心身スーパーヴィーニエンスの仮定に基づけば、後者はわたしの見るところ前者と同じくらい疑問の余地がある。

(25) もちろんこれは反事実的条件法一般に推移性を認めることではない。

(26) 基盤性質がスーパーヴィーンする性質を「惹き起こす」という常識やぶりの見解を抱く一人の哲学者はジョン・サール (John Searle) であり、それは彼の *The Rediscovery of the Mind* (Cambridge: MIT Press, 1992) で述べられている。

(27) しかし、これらの規則性は一般性に限定されがちであることに注意してほしい。Mの代わりにスーパーヴィーニエンス基盤となるものには、P^*を惹き起こし、それによってM^*を惹き起こすことを期待できないというのがその理由である。

(28) 「因果過程」と「擬似過程」の区別に関しては、Wesley Salmon, *Scientific Explanation and the Causal Structure of the World* (Princeton: Princeton University Press, 1984) 参照。

(29) 何人かの哲学者はまさしくこれらの問いを提起してきた (必ずしもわれわれの第一論証に向けられたものではないにしても)。たとえば、Lynne Rudder Baker, "Metaphysics and Mental Causation," in *Mental Causation*, ed. Heil and Mele (Oxford: Clarendon Press, 1993); Robert Van Gulick, "Three Bad Arguments for Intentional Property Epiphenomenalism," *Erkenntnis* 36 (1992); Louise M. Antony, "The Inadequacy of Anomalous Monism as a Realist Theory of Mind," in *Language, Mind, and Epistemology*, ed. G. Preyer, F. Siebelt and A. Ulfig (Dordrecht: Kluwer, 1994) がある。

(30) John R. Searle, *The Rediscovery of the Mind*

(Cambridge: MIT Press, 1992).

(31) *The Rediscovery of the Mind*, p. 107.

(32) *The Rediscovery of the Mind*, p. 87.

(33) "Consciousness, the Brain and the Connection Principle: A Reply," *Philosophy and Phenomenological Research* 55 (1995): 217–232において。引用した一節はp. 219からである。

(34) 引用箇所の中で、サールは「同じ状況」ではなく「同じシステム」であると述べている。だが、「同じシステム」と述べるだけでは十分でないのは明らかである。彼の答えが意図した効果を得るためには「同じ状況」と述べるべきである。

(35) "Making Mind Matter More,"引用された一節はp. 66に出てくる。

(36) だがこの点については、第三章の「プログラム説明」の議論を参照のこと。

(37) "Can the Mind Change the World?"

(38) まあそんなところである。その論文で指摘するように、ブロックは何年にもわたって機能主義について相反する態度をとってきた。ブロックは機能主義の学説を明確にしてそれに整合性ともっともらしさを与えるのに大いに尽力したけれども、彼はまた機能主義に対するある種のきわめて手ごたえのある反論を招いた。これは本当は相反性の問題ではないと思う。ブロックは認知的な心的状態については機能主義に惹かれたが、それが感覚的・質的状態(「クオリア」)にとってどのように作用しうるのかを理解しがたく感じたのではないかとわたしには思える。これはわたしがこれらの講義で支持するのとは違う立場である。

(39) "Can the Mind Change the World?" p. 159.

(40) おそらく色そのものの因果的前項を除いては。

(41) 同じような理由で、エリザベス・プライア(Elizabeth Prior)、ロバート・パーゲッター(Robert Pargetter)、そしてフランク・ジャクソン(Frank Jackson)は"Three Theses About Dispositions," *American Philosophical Quarterly* 19 (1982): 251–257［プライア他「傾向性についての三つのテーゼ」、柏端・青山・谷川編訳『現代形而上学論文集』所収、勁草書房、二〇〇六年、二三九

〜二四九頁〕の中で、傾向性が因果的不能性に賛成する論述を行う。

(42) より正確には、「…性質Kが例化されるようにする（causes property K to be instantiated）」または「種Kの出来事を惹き起こす」。簡潔さのためには時としてもっと簡単な表現が使われるだろう。

(43) ブロックはジェリー・フォーダーがそう示唆したと思っている。こういうことが起こりうるのは睡眠がガンを惹き起こす場合に限られるように思われるし、これが意味するのは、催眠性がガンについて因果的に十分なのは、その実現者のそれぞれがガンについて因果的に十分だからに過ぎないということである。やや異なる文脈で（一九九七年オベリンの哲学コロキウムで）ルイーズ・アントニーがフォーダーと似た論点を提示した。

(44) *Supervenience and Mind* 再録の "Multiple Realization and the Metaphysics of Reduction" において。

(45) 同一性や包含によって原則がたてられるべきかどうかは「実現者」がどう理解されるかによるだろう。考えられる解釈では、PがFの実現者ならば、それより強いいかなる性質P*（たとえばPと整合するトリヴィアルでないQについて、P&Q）もまたFの実現者であり、P*はPより強い因果的力、問題のFの実例に帰属させたいと思うべきでない力をもつかもしれない。このことはここでは追究できない多くの興味深い問題を提起する。けれども主要な論点は、二階の性質の実例は関連する実現性質のそれを超えた因果的力をもちえないということである。

(46) たとえば、Sydney Shoemaker, *Identity, Cause, and Mind* (Cambridge: Cambridge University Press, 1984) に再録されている "Causality and Properties" を参照。科学的な種が因果的力によって個別化されるという原則を擁護するフォーダーの *Psychosemantics* も参照。

(47) *Essays on Actions and Events* に再録の "The Individuation of Events"〔邦訳「出来事の個別化」、デイヴィドソン前掲訳書所収〕で、デイヴィドソンは出来事の個別化原則を主張しており、それによれば、同じ因果関係をもつ出来事は同じひとつの出来事である。

(48) マーティン・ジョーンズとデヴィッド・ソーザのおかげで、この章を進める手助けとなったいくつかの論点についての徹底したコメントを得ることができた。

第三章

(1) しかしまったくそうであるわけではない。たとえばRichard Swinburne, *The Evolution of the Soul* (Oxford: Clarendon, 1986); W. D. Hart, *The Engines of the Soul* (Cambridge: Cambridge University Press, 1988); John Foster, *The Immaterial Self* (London: Routledge, 1991) がある。

(2) わたしは *Superveniece and Mind* (Cambridge: Cambridge University Press, 1993) 再録の"Psychophysical Laws"でこれらの導出を再構成しようとしている。

(3) 第二章のはじめを見よ。

(4) Tyler Burge, "Mind-Body Causation and Explanatory Practice," in *Mental Causation*, ed. John Heil and Alfred Mele (Oxford: Clarendon, 1993), p. 97. 彼の"Philosophy of Language and Mind: 1950–1990," *Philosophical Review* 101 (1992): 3–51におけるより短い議論も参照のこと (pp. 36–39を見よ)。

(5) Burge, "Mind-Body Causation and Explanatory Practice," p. 118.

(6) Lynne Rudder Baker, "Metaphysics and Mental Causation," in *Mental Causation*, ed. Heil and Mele, pp. 92–93.

(7) pp. 102–103でバージが「エピフェノメナリズムはたいてい重要な形而上学的選択肢であると見なされる」と言うのは行き過ぎであるとわたしは思うが、彼の記述に当てはまる哲学者も存在した。たとえばPeter Bieri, "Trying out Epiphenomenalism," *Erkenntnis* 36 (1992): 283–309や、以下に見るフランク・ジャクソン (Frank Jackson) やフィリップ・ペティット (Philip Pettit) の「プログラム説明」の議論を見よ。

（8） Burge, p. 103.

（9） たとえば A. I. Melden, *Free Action* (London: Routledge and Kegan Paul, 1961); A. R. Louch, *Explanation and Human Action* (Oxford: Blackwell, 1968); William H. Dray, *Laws and Explanations in History* (Oxford: Oxford University Press, 1957) 参照。

（10） Donald Davidson, "Actions, Reasons, and Causes," *Journal of Philosophy* 60 (1963), reprinted in his *Essays on Actions and Events* (Oxford: Clarendon Press, 1980)［邦訳「行為・理由・原因」、デイヴィドソン前掲訳書所収］参照。もっと最近では、非因果説が新たな支持者をするようになった。とくに、George Wilson, *The Intentionality of Human Action* (Stanford: Stanford University Press, 1989), そして Carl Ginet, *On Action* (Cambridge: Cambridge University Press, 1990) を参照。

（11） 第二章注5で挙げられた論文を見よ。

（12） 詳細についてはわたしの "Mechanism, Purpose, and Explanatory Exclusion," *Philosophical Perspectives* 3 (1989): 77–108, reprinted in *Supervenience and Mind* (Cambridge: Cambrdge University Press, 1993) を参照。

（13） Burge, p. 116.

（14） Burge, p. 116.

（15） "Kim on Mental Causation and Causal Exclusion," *Philosophical Perspectives* 11 (1997): 165–184.

（16） Baker, p. 93.

（17） Burge, p. 115.

（18） Baker, p. 93.

（19） デヴィッド・ルイスは例外である。だがそのような「後戻り型（back-tracking）反事実的条件文」を排除するためには、ルイスは何かしら耐久力のある形而上学的武装を行う必要がある。Lewis, "Counterfactual Dependence and Time's Arrow" and "Causation," both reprinted in his *Philosophical Papers* II (New York and Oxford: Oxford University Press, 1986) 参照。

(20) 反事実的条件文アプローチについてのさらなる議論については、わたしの *Philosophy of Mind* (Boulder, CO: Westview, 1996), pp. 139–144 を見よ。

(21) Frank Jackson and Philip Pettit, "Program Explanation: A General Perspective," *Analysis* 50 (1990) : 107–117. 彼らの "Functionalism and Broad Content," *Mind* 97 (1988) : 381–400 も参照のこと。

(22) Jackson and Pettit, "Program Explanation: A General Perspective," p. 114.

(23) Ibid.

(24) Jackson and Pettit, pp. 115–116.

(25) David Lewis, "Causal Explanation," in his *Philosophical Papers* II (Oxford: Oxford University Press, 1986), p. 217.

(26) ルイスはもちろん反事実的条件文によって定義された彼特有の因果的依存性の概念を用いて考察を行う。だがわれわれは、因果的依存性の厳密な定義のような特定の事柄を、そのような問題における個人の好みに合わせて自由に設定されるようにしておきながら、ルイスが導入した広い概念を利用することができる。

(27) Burge, p. 102.

(28) Baker, p. 77.

(29) Robert Van Gulick, "Three Bad Arguments for Intentional Property Epipheomemalism," *Erkenntnis* 36 (1992), p. 325.

(30) Willam G. Lycan, *Consciousness* (Cambridge: MIT Press, 1987), p. 38 (強調は原文).

(31) Block, "Can the Mind Change the World?"

(32) Block, "Can the Mind Change the World?," p. 168, note 9. 彼は Hand Dehmelt, "Triton, ...electron, ...cosmos...: An infinite regression?" *Proceedings of the National Academy of Sciences* 96 (1986) : 8618–8619 と "Experiments on the structure of an individual elementary particle," *Science* 247 (1990) : 539–545 を引用してこれが「現実の物理的可能性」であると述べる。

(33) David Armstrong, *A Theory of Universals*,

vol. 2 (Cambridge: Cambridge University Press, 1978), ch.18.

(34) これをより正確にするとこうなる、諸々の a_i と P_i そして R は定義項において暗黙のうちに存在量化されている。

(35) この章の題材への有益なコメントに対し、デヴィッド・チャルマーズ、マーティン・ジョーンズ、デヴィッド・ソーザに感謝する。

第四章

(1) 二つの例が思い浮かぶ。ジェリー・フォーダーの内容の「自然化」の企てとフレッド・ドレツキ (Fred Dretske) の意識への外在主義的アプローチである。フォーダーの *Psychosemantics* (Cambridge: MIT Press, 1987) とドレツキの *Naturalizing the Mind* (Cambridge: MIT Press, 1995) [ドレツキ『心を自然化する』、鈴木貴之訳、勁草書房、近刊] を参照。「自然化」は「還元」ほどには不快感を与えないように見える。

(2) Robert Causey, *Unity of Science* (Dordrecht: Reidel, 1977).

(3) 橋渡し法則が双条件法であってほしいもうひとつの理由は、還元される理論の性質を、基盤理論におけるそれらの共外延物と同一化できる可能性を切り開くためである。明らかに、FとGが少なくとも共外延的でないならばそれらは同一ではないからだ。

(4) とくに Jerry Fodor, "Special Sciences, or the Disunity of Science as a Working Hypothesis," *Synthese* 28 (1974): 97–115.

(5) とくに彼の "Thinking Causes," in *Mental Causation*, ed. John Heil and Alfred Mele (Oxford: Clarendon, 1993).

(6) その際、こういうふうにデイヴィドソンの反還元主義的論法はすべての特殊科学にも当てはまる。しかし、これはおそらく意図した結果ではない。実際、基礎物理の外部に厳密な法則が存在しないことを前提として始めてよいならば、われわれはデイヴィドソンが "Mental Events" [邦訳「心的出来事」、デイヴィドソン前掲訳書所収] やそれ以外のところで心の非法則論のためにまとめあげたすべての複雑かつあいまいな論証を切り捨てて、望むとおりの結論にたったひとつのステップでたどりつくことができる。厳密な法則は基礎物理においてのみ存在するのだから、心理学の中や、心理学とその他のものとの間にももちろん厳密な法則など存在するわけがないのだ！

(7)　これらは多重実現の考察から生じる有用性問題に対してのみ可能な答えとなりうる。明らかにそれらはデイヴィドソンの非法則論とは無関係である。

(8)　たとえば Terence Horgan, "Kim on Mental Causation and Causal Exclusion," *Philosophical Perspectives* 11 (1997): 165–184.

(9)　わたしはこれが心理学の非法則性と、ほどほどに信頼性のある心理学的規則性の両方に共通の実質的根源であると思う。どの人間も物理的にそっくり類似した者はおらず、あらゆる種の成員におけるように本質的な解剖学的・生理学的な違いが常に存在する。われわれはこれらの違いが心的な違いに現れることを期待すべきだし、実際それが現れることはわかっているのであるが、われわれは例外なしの、法則に則った心理学的規則性を期待することはできない。このことは個体それぞれの心理学が彼（女）の生理学によって全面的に決定されることや、それ自体にとっては法則論的であることとまったく矛盾しない。たとえばすべての自動車に適用できる普遍法則は存在せず、一九九二年産のトヨタのカムリのトークンすべてに適用できるものすらないのと同じ理由で、種単位の規模の人間心理学は例外なしの法則を与えず、統計的規則性を与えるのみである。

(10)　還元および還元的同一化へのこのアプローチはデヴィッド・アームストロング（David Armstrong）の *A Materialist Theory of the Mind* (London: Routledge and Kegan Paul, 1968)［アームストロング『心の唯物論』、鈴木登訳、勁草書房、一九九六年］における中心状態唯物論の論証にほのめかされている。Robert Van Gulick, "Nonreductive Materialism and the Nature of Intertheoretic Constraint," in *Emergence or Reduction?*, ed. Ansger Beckermann, Hans Flohr and Jaegwon Kim (Berlin: De Gruyter, 1992) や Joseph

Levine, "On Leaving out What It's Like," in *Consciousness*, ed. Martin Davies and Glyn W. Humphreys (Oxford: Blackwell, 1993) も参照。

(11) この点では賢明な読者には次のような疑問が浮かんだだろう。Mが外在的・関係的性質でPが（おそらく）そうでないならば、どうやってそれらが同じひとつの性質でありうるのか？ 良い質問だ！「役割」や「所有者」という術語を使えば、この問いは次のようにして言い換えられる。Mが因果的役割でPがその所有者ならば、MとPはどうやって同じ性質でありうるか？ 役割はどうしてその所有者と同一でありうるのか？ この問題は後で議論する。

(12) わたしはその慣例上の意味で「レベル」を用いており、「レベル」が「階（order）」と対比されるわたし特有の意味で用いているのではない。したがって、たとえばケプラーの法則からニュートンの法則への還元のような純粋に導出的な還元はここで述べられているモデルには当てはまらない。

(13) これは性質の同一性がそれらが現れる法則とは無関係であることを明確に仮定しており、この仮定と、科学的な種と性質が基本的にそれらの因果的な力によって個別化されるという、あとで影響力をもってくる見解との間には緊張がある。二つの見解を調停することはできるとは思うが、この問題は別の機会のために脇に置いておくべきである。

(14) Saul Kripke, *Naming and Necessity* (Cambridge: Harvard University Press, 1980)［クリプキ前掲訳書］。

(15) ブライアン・マクローリン（Brian McLaughlin）は"The Rise and Fall of British Emergentism," in *Emergence or Reduction?* においてこういう主張をしている。

(16) それ以上の詳細についてはわたしの"Making Sense of Emergence," *Philosophical Studies* 95 (1999), pp. 3-36 参照。

(17) Putnam, *Reprensentation and Reality* (Cambridge: MIT Press, 1988)［ヒラリー・パトナム『表象と実在』、林泰成・宮崎宏志訳、晃洋書房、一九九七年］; John R. Searle, *The Rediscovery of Mind.*

(18)　たとえば David Chalmers, *The Conscious Mind* (Oxford: Oxford University Press, 1996)［デイヴィッド・チャーマーズ『意識する心——脳と精神の根本理論を求めて』、林一訳、白揚社、二〇〇一年］を参照。

(19)　他の論者（たぶんシューメイカーやブロック）も同じような観察を行っていたと思う。

(20)　この主張はクオリア外在主義者によって議論されている。Fred Dretske, *Naturalizing the Mind* (Cambridge: MIT Press, 1995)［ドレツキ前掲訳書］, および Michael Tye, *Ten Problems of Consciousness* (Cambridge: MIT Press, 1995) 参照。

(21)　そういう誤りをもとにした『不思議の国のアリス（*Alice in Wonderland*）』の論理的ジョークが思い浮かべられるだろう。

(22)　たとえば Jerry Fodor, *Psychosemantics* (Cambridege: MIT Press, 1987) を参照。

(23)　提案された図式において多重実現を扱うことの問題をまたしても脇に置かねばならない。わたしがどう進むかのヒントは "Postscripts to Mental Causation," in *Supervenience and Mind* に含まれている。

(24)　たとえば David Armstrong, *A Theory of Universals*, vol. 2 (Cambridge: Cambridge University Press, 1978), ch. 14 参照。

(25)　したがってこれは、"Studies in the Logic of Explanation," in Hempel, *Aspects of Scientific Explanation* (New York: Free Press, 1965) においてカール・G・ヘンペル（Carl G. Hempel）やポール・オッペンハイム（Paul Oppenheim）によってなされたような、標準的に形成されたD—Nモデルの説明に対する、これまで顧りみられなかった種類の反例である。

(26)　それ以上の詳細に関しては、わたしの *Supervenience and Mind* 再録の "Multiple Realization and the Metaphysics of Reduction" を参照。

(27)　選言的アプローチに対抗するいくつかの興味深いさらなる考察については、Louise Antony and Joseph Levine, "Reduction with Autonomy," *Philosophical Perspectives* 11 (1997): 83–105 を参照

せよ。

(28) われわれはまた科学の種や性質は因果的な力によって個別化されるべきだとも仮定すれば、これは討議中の問題の議論においてしばしば仮定される原則であるが、これに対する論拠はより強められる。たとえば Sydney Shoemaker, "Causality and Properties," in *Identity, Cause, and Mind* (Cambridge: Cambridge University Press, 1984); Jerry Fodor, *Psychosemantics*; そしてわたしの "Multiple Realization and the Metaphysics of Reduction," in *Supervenience and Mind* を参照。ただしこの付加的仮定は必要ではない。

(29) Hが特定されるべき語彙は性質についての問題ではなく概念的問題であると論じることもできよう。

(30) デヴィッド・アームストロングがこう主張していたと記憶する。

(31) 第二章の終わりを参照。

(32) 決定と説明の間もそうである。還元についての議論で見たように、創発主義者は創発的性質が基本条件によって決定されることは認めるだろうが、これらの創発的性質がいったいなぜそれらの基本条件から創発するのかをその基本条件が説明できるということは否定するだろう。

(33) これらの問題のそれ以上の詳細に関しては、わたしの "Making Sense of Emergence"〔所収は注16参照〕を見よ。

(34) Samuel Alexander, *Space, Time, and Deity* (London: Macmillan, 1920), vol. 2, p. 8.

(35) 還元的物理主義者なら、還元主義は現に心を物理的領域の特有の部分として保持すると言うだろうが、その特有性は物理的特有性であり、何か非物理的な特有性ではない。

(36) デヴィッド・チャルマーズとデヴィッド・ソーザによる質疑や論評には得るところがあった。

訳注

第一章

［1］「あるものを心たらしめるもの」「心が果たす働き」などを意味する語であるが、本書では「心」と訳している。心そのものを指す一般的な語“mind”と区別がつかなくなるという不都合が生じはするが、本書は対象としての「心」よりもむしろ性質や働きとしての「心」を重視する側面があるので、訳出の際の不都合は訳文の趣旨を損なうものではないと考える。

［2］あるシステムの性質Pが、そのシステムのどの構成要素にも所有されておらず、なおかつそれらの構成要素がもつ性質の総体とは別のものであるとき、Pは「創発的性質」であるとされる。主にJ・S・ミルや、本書でも言及されるC・D・ブロード、サミュエル・アレクサンダーなどイギリスの哲学者に支持されたため、「イギリス創発主義」と呼ばれる。

［3］バリアムは向精神薬、セコナールは睡眠薬の商品名。

［4］平たく言えば、痛みを与える刺激に反応する神経細胞のこと。

第二章

［1］バーで客寄せ用に出す無料のサービスランチのことを指すが、そこから転じて「ただで手に入るもの」「都合のよい話」といった意味となる。

［2］dormitivityを「催眠性」と訳すことにより議論の展開が見えづらくなっているが、ここで述べられているのは、人を眠らせるのは薬のもつ「催眠性」と呼ばれる性質自体ではなく、その性質を実現させる物理化学的性質であるということである。

第四章

［1］　狼瘡は膠原病の一種である皮膚疾患で、皮膚に炎症や紅斑が現れた時点で狼瘡であることを特定できそうにも思われるが、関節痛もまた狼瘡の主症状のひとつであり、皮膚疾患が現れる前の段階で関節痛が生じた場合を想定すればこの事例を理解しやすくなるだろう。

訳者解説

太田雅子

本書は、Jaegwon Kim, *Mind in a Physical World: An Essay on the Mind-Body Problem and Mental Causation*（MIT Press, 1998）の邦訳である。著者は現在の心の哲学をリードする哲学者であるが、訳者の知る限り、*Supervenience and Mind* 所収の "Epiphenomenal and Supervenient Causation" と "Events as Property Exemplification" の二論文が、それぞれ「随伴的かつ付随的な因果」（金杉武司訳、信原幸弘編『シリーズ心の哲学Ⅲ 翻訳篇』一七〜四九頁、勁草書房、二〇〇四年）および「性質例化としての出来事」（柏端・青山・谷川編訳『現代形而上学論文集』八五〜一二五頁、勁草書房、二〇〇六年）として訳されるまで、彼の著作が（関連分野の諸論文内での言及を除けば）本格的に紹介されたことはなかったと記憶する。そして本書はそれらに続く、初の単行本全体としての訳出となる。

ジェグォン・キム教授は、アメリカのダートマス・カレッジを卒業し、プリンストン大学で博士号を取得した。スワスモア・カレッジやコーネル大学、ジョンズ・ホプキンス大学そしてミシガン大学で教鞭をとった後、一九八七年よりブラウン大学のウィリアム・ハーバート・ペリー基金哲学教授に就任、現在に至る。この他にもアメリカ哲学協会中部支部の議長やアメリカ芸術科学協会評議員を歴任し、雑誌 *Noûs* の編集に携わっている。

二〇〇六年四月現在で、著者単独の著作としては本書の他に次の三冊が刊行されている。

Supervenience and Mind: Selected Philosophical Essays (Cambridge University Press, 1993)
Philosophy of Mind (Westview Press, 1996)
Physicalism, or Something Near Enough (Princeton University Press, 2005)

この他にも形而上学や認識論、スーパーヴィーニエンスなど本書のテーマの関連分野のアンソロジーにも編者として参加している。その他の著作の詳しいリストは、本書参考文献のほか、キム自身のホームページ http://www.brown.edu/Departments/Philosophy/faculty/kim/publications.htm を参照されたい。

キムが取り組む主要なテーマは、本書でも扱われているような心的因果の問題であるが、その他にも性質や出来事の存在論や因果性、説明理論など多岐にわたる。わかりやすい語り口と鮮明な立場からなされた数々の考察は、現在に至るまで多くの哲学者の注目を集め、活発な議論を巻き起こしている（そのうちのいくつかについては本解説で紹介する）。いわゆる英米圏の分析哲学において心の哲学の議論がある程度の定着をみたにもかかわらず、その代表的論者のひとりであるキムの著作がこれまでわが国でほとんど紹介されてこなかったのは、訳者個人としては遅きに失した感を禁じえないが、ともあれ、今回の翻訳をきっかけにキムの著作を紹介する機会を得られたことは喜ばしい限りである。

1 「スーパーヴィーニエンス」について

本格的な解説に入る前に、本書のキータームである「スーパーヴィーニエンス supervenience（動詞形 supervene は「スーパーヴィーンする」）」について説明しておきたい。性質Aと性質Bのあいだに、「性質Bをもたずして性質Aをもつことはない」または「性質Bの変化なしに性質Aの変化はありえない」というような性質間の共変化（covariance）関係が成り立つとき、AはBにスーパーヴィーンする。この語の哲学的用法の経緯については本書でも触れられているが、もともと「スーパーヴィーニエンス」という概念が登場したのは、ムーア（G. E. Moore）による道徳的性質の特徴づけにおいて用いられたのが最初であると思われる。その後、デイヴィドソン（Donald Davidson）が心身問題において、心的性質の非還元性を主張するためにこの概念を援用して以来、スーパーヴィーニエンスによっては非還元的物理主義は救われないのではないか、また、たとえスーパーヴィーニエンスを援用しても、心的なものの因果的効力を立証したことにはならないのではないかといった批判が寄せられ、物理主義をめぐる議論においてはスーパーヴィーニエンスへの言及は不可欠となっている。スーパーヴィーニエンスはその適用範囲の広さや強さに応じて「全域的（global）スーパーヴィーニエンス」や「強いスーパーヴィーニエンス」「弱いスーパーヴィーニエンス」「メレオロジカルなスーパーヴィーニエンス」などの種類があるが、いずれも基本となるのは先に述べた考え方である。

この語は従来の日本語文献では「付随性」「随伴性」あるいは「随伴生起」などと訳されることが多く、訳者も自身の論文において「スーパーヴィーニエンス」には「付随性」の訳をあてた時期があったが、今回は原語の読みに従い「スーパーヴィーニエンス」および「スーパーヴィーンする」に統一した。これにはいくつか理由がある。

まず、先の説明からも明らかなように、実際にはスーパーヴィーニエンスは性質間の「関係」を表す語であるが、「付随性」や「随伴性」のような訳語だと、それ自体があたかも性質の一種であるかのような印象を与える。このような解釈を避けることを可能にする訳語が筆者の思いつく限りでは見当たらなかったことが、あえて訳出をしなかったひとつの理由である。

第二に、「付随」や「随伴」などの語には「何かに付き従う」という意味があるが（supervenienceを辞書で調べると確かにそのような語釈が見られる）、これを採用するならば、たとえば「低気圧の通過の後に必ず雨がつき従う」といった、因果的含意のある「付随」「随伴」と区別されなくなる恐れがあるからだ。確かに、性質Aの現れ（本書では「例化（instantiation）」と呼ばれるが、これについては後述する）とBのそれとの間には相関性があり、それが前者と後者の間の非対称的依存性を保証するものではある。しかし、スーパーヴィーニエンスにおける性質AとBの関係は「つき従う」という関係よりも強いものである。「低気圧の通過の後に雨がつき従う」という関係においては、たとえ低気圧が通過しても雨が降らない場合を想定できるが、性質Bが生起しまたは変化する際に性質Aの生起または変化が生じないことはありえないというのがまさにスーパーヴィーニエンスの意味するところなのである。

第三の理由は、スーパーヴィーニエンスという考え方が、特定の訳語を離れて少しずつ普及し始めている傾向が見られるということにある。論文中で原語のままで「スーパーヴィーニエンス」を用いたり、実際に研究テーマとしてスーパーヴィーニエンスをとりあげる国内の研究者は、少しずつではあるが増えている。心の哲学の分野の論文に関しては枚挙にいとまがなく省略せざるをえないが、特徴的な一例を挙げるならば、ウィトゲンシュタイン研究者である奥雅博氏は自著の中（奥［二〇〇一］一四七頁）で、心の物理主義についてのデヴィッド・パピノー（David Papineau）の解説を引用する形ではあるが、「スーパーヴィーニエンス」とはどのようなものであるかを説明している（ここでも訳語はあてられていない）。一見スーパーヴィーニエンスとの関連があまり見られないように思えるウィトゲンシュタイン研究の場でこの語が紹介されることは、それが奥氏の着眼点の独自性によるところが大きいにしろ、この概念の普及の表れであるとみることができよう。さらに、近年刊行された哲学事典では、「スーパービーニエンス」の項目が設けられており、詳細かつ丹念な解説がなされている（柏端［二〇〇二］）。このように、スーパーヴィーニエンスがどのようなものであるかについての情報が徐々に浸透しつつある状況においては、特定の訳語にその説明の役割を担わせなくてもよいのではないかと思われた。できれば本書もスーパーヴィーニエンスの考え方を普及させる役割の一端を担うことができればと願っている。

ともあれ、以上のような状況を考慮したうえで、本書では特別な訳語をあてずにそのまま「スーパーヴィーニエンス」を採用した。スーパーヴィーニエンスについては本書でも詳しく解説されてはいるが、より理解を深めたいと思う人は、キムの"Concept of Supervenience," in *Supervenience and Mind* (Cambridge: Cambridge University Press, 1993), pp. 53–78や、やや難解であるがスーパーヴィーニエンスの種類およびそれがたどった歴史的経緯が詳述されているTerence Horgan, "From Supervenience to Superdupervenience," *Mind* 102 (1993), pp. 555–86を参照されたい。また、スーパーヴィーニエンスのみを扱ったものではないが、本書の内容全体の理解を深めるための関連文献として『思想』九八二号（二〇〇六年一月）の特集「心のありかと性質の存在論」を挙げておきたい。この特集は、訳者も含めた三名の寄稿者がそれぞれ独自のアプローチでキム哲学の全貌に迫ったものである。

2　本書の意義および特徴

本書の意義のひとつは、物理主義を支持しながら心的因果（mental causation）の存在を立証することがどれほど困難に満ちた試みであるかを示した点にあると思われる。心的因果とは、文字通りの意味で、何かを惹き起こすために心がもつ因果的な能力のことである。この語自体は耳慣れないものであるかもしれないが、われわれは実は素朴な形で心的因果の考え方に関わり、それを支持してもいる。朝食をとっている途中で学校に遅刻しそうになったことに気づけば、それは朝食を早めに切り上げる原因になる。また、残虐な犯罪のニュースでは、「犯人の心の闇がこのような事件を惹き起こした」という言い方がよくなされる。このような言い方のもとになっているのは、「心の中で起きていることが、それ以外の事柄や対象に何らかの影響を及ぼしうる」という考え方である。もちろん、遅刻しそうなことの気づきと朝食の切り上げとの関係がほんとうに「因果関係」なのか、また「心の闇」などというものがほんとうに何かを惹き起こしうるかは疑問となるだろう（心的因果の研究がめざすのはまさにこのような疑問の解決である）。それでも、心に生じる何ものかが世界に対して何らかの働きかけを行っているという考え方は、われわれの日常に思いのほか浸透しているものなのである。

　ところが科学的な視点から見れば、現在の脳科学や認知科学、生理学などの発展を前にして、物理的な営為とはまったく無縁の心の働きを想定することは不可能に近いことがわかる。つまり、科学において優勢なのは、すべてを物質の観点からとらえる「物理主義」なのである。そういう状況の中で、どのような物理的なものとも異なる心独自の因果的な力を主張することなどできるのだろうか。物理的なものからなる世界において心のありかをいかにして確保するか、これが心的因果のもっとも大きな問題である。もし、他の心の状態や行動に対する心特有の因果的効力を損なわないような物理主義、すなわち心を物質化しない「非還元的物理主義」が主張できるとしたら、それは現在の科学的世界に生きるわれわれにとって理想的な心の理論になるだろう。しかし、キムはそうした折衷的な立場をとる非還元的な物理主義を支持するどの立場も破綻することを示し、そのような理想に容赦ない打撃を与えたのである。しかしキムの議論は、心的因果が不可能になることがいかに深刻であるかに注意を促す役目も果たしている点でかえって啓発的である。

本書の立場は基本的には物理主義・一元論を標榜するものであるが、そのメッセージは「非還元的物理主義という都合のよい立場はありえない」というものである。キムは、何の因果的効力ももたず物理的な基盤をもたないものとして心的性質を保持する「エピフェノメナリズム」をいちおうは選択肢の一つに認めており、ただちに心的性質の実在を消去することを勧めるわけではない。しかし、心的性質がそれ自体として因果的効力をもつことは完全に否定し、心的性質は、一定の機能を果たす一階の性質をもつという「二階の性質」の担い手として認められるにとどまる。心的性質の因果性を許容できるかどうかは、還元かエピフェノメナリズムのどちらをとるかによる。

しかし本書のもっとも特徴的な点は、どちらの選択肢をとっても、心の実在を信じる者には未来はないという悲観的な結論を示唆している点であろう。還元主義は、確かに心的なものの因果的影響力を保証するが、物理主義においては因果性を担いうるのは物理的なもののみである以上、それはもはや心的なものとしての因果性ではなく、それの還元先であるところの物理的なものの因果性なのである。心特有の因果性を主張しようとする企てはここで挫折する。一方、エピフェノメナリズムをとるならば、確かに心の独自性は保持されるものの、心的なものが外界に何らかの因果的影響力を及ぼしうる可能性を否定することにもなり、これは心が世界において果たす役割の大部分が奪われてしまうに等しい。ここでもやはり、心的なものの因果性を立証しようとする道は閉ざされてしまうのである。心の実在性および心的因果を支持する者たちにとってはいずれの道をとっても敗北しか残されていないというはなはだ絶望的な結論を残して本書の考察は閉じられている。

キムのこの結論をどう受け止めるかは、読者諸氏の判断にゆだねられるだろう。それを率直に受け止め、われわれが心として扱っているものが実在してそれが何かを惹き起こしうるのというのは単なる幻影に過ぎないとあきらめるか、現にわれわれは心の存在やそれが何かを惹き起こすことを疑っていないのだから、このような結論がでてくるにはキムの論証にどこかおかしいところがあるはずだとしてそれを突き止めようとするか、はたまたそのような結論は信じがたいというだけの理由で古典的二元論に救いを求めるか。さまざまな立場が考えられるだろう。しかし重要なのは、キムの見解に対しどういう立場をとるかよりもむしろ、どういう立場であれ、自分の立場にどれほど積極的な根拠やもっともらしさを与えられるかであり、その営みこそが哲学的思考の支えとなるのである（現在この分野でもっともありえないとされている古典的二元論の立場でさえ、物理主義を納得させるほどの論拠を提示できたならば立派な哲学的立場となるだろう）。どういう態度をとるにしろ、それらに対するキムの見解は強固であり、問題からの逃避を許さない厳しさがある。キムの提示した問題に対峙するには、彼の議論に相当するかそれ以上の強力な論拠が必要となるだろう。必ずしもすべての読者を哲学的議論に参加させようと考えているわけではないが、読者諸氏には、自分であればキムの「どちらに行っても負け」の宣告にどう対処するか、またどうすればそれが可能なのかを一度は考えてみてほしいというのが、訳者のささやかな希望である。キムの問題提起を真正面から受け止め、心が物事に影響を及ぼす（と考えられる）のはなぜなのか、もしその影響力がなかったらどういうことが起きるか、などと思考を広めることができれば、そして本書がその思考の広がりの一端を担うことができれば、訳者にとってこれ以上の喜びはない。

3　議論の概略

それでは、そこまで強固な議論はどのようにして形成されたのか、ここでざっとキムの議論を概観してゆくことにしよう。

一九五〇年代から一九六〇年代にかけて、スマートやファイグルらによって主張された一元論（心脳同一説）が破綻した後台頭したのが、デイヴィドソンによる非還元的物理主義であるが、この立場は心の自律性を保証したものの、心的なものと物理的なものとの関係について何も積極的なことを述べていない。だが、デイヴィドソンが論文「心的出来事（"Mental Events"）」においてほんの軽く援用したに過ぎない「スーパーヴィーニエンス」という考えは、まさに心的なものと物理的なものとの関係を述べたものであり、デイヴィドソン以上に心身関係について積極的な事実を提示できる見込みがある。しかし、スーパーヴィーニエンスは異なる二つの性質の間の共変化関係のパターンを示すだけであり、なぜそのようなパターンが成り立つのかの説明を与えるものではない。なぜスーパーヴィーニエンスが成り立つのかはそれ以外のもの、つまり非物理的な性質は物理的性質によって「実現」されるという考え方（「物理的実現説」）によって説明される（第一章）。この「実現」という考え方は、この後に登場する「二階の性質」や「機能的還元」といった概念の重要な構成要素となるのであるが、それらをとりあげる前に、本書の議論の要諦をなす「スーパーヴィーニエンス論法」について概観してみよう。

因果関係を形成しうるのは物理的なもののみであり、心的性質が何らかの因果的な力をもつためには物理的性質に依存する必要がある。このため、そのような依存関係としてのスーパーヴィーニエンスがもし成立しないとしたら、エピフェノメナリズムを認めない限り、なぜ心的な性質が因果関係を形成するのかが不可解となる。それでは、心的な性質と物理的な性質の間にスーパーヴィーニエンスが成立するとしたら、そのことは心的因果を理解可能にするのだろうか。キムも当初はスーパーヴィーニエンスによって心的因果が理解可能になると考えていた時期があった。しかし、物理主義の重要な前提である「因果性の物理的閉包性の原則」、すなわち物理的なものを惹き起こすのは物理的なもののみであるという原則を同時に認めるならば、ことはそう簡単に運ばないことがわかる。なぜなら、もし因果的な力をもつものが物質的（物理的）なものに限られるならば、物質ではない（と通常は思われている）心的なものがどうやって何かを惹き起こす力をもちうるのかを説明する必要が生じるからだ。そしてキム自身は、いわばスーパーヴィーニエンスを逆手にとる形で、心的因果の危機を訴えるのである。

ある心の状態が何か別の心の状態を惹き起こすという、心的因果の典型的事例を考えてみる。なお、本書では心的因果の話は一貫して性質の観点から語られているので、この因果関係を「ある心的性質Mが別の心的性質M*を例化する」と表現する。「例化」というのはあまりなじみのない表現であるが、これは性質の因果関係を語る際に用いられる特有の用語であり、「ある心的性質Mが別の心的性質M*を例化する」は「Mをもつ何らかの事物がM*をもつ何らかの事物を惹き起こす」の言い換えである。性質というのはもののタイプのことであり、それ自体が何かを惹き起こしたり何かに惹き起こされたりすると考えるのは不自然である。因果関係をもつのはあくまで何らかの性質の「実例」としての実体でなければならない。催眠性をもつという性質が効力を発揮するためには、一定の薬品なり食物なりがその性質を担う必要がある。そして、一定の性質を担った事物が存在する（現れる）ということが「例化」の意味するところなのである（ただし、話を簡単にするために、「性質Mは性質Pを惹き起こす」という表現を用いることがある。それが意味するのは、正確には「性質Mの実例は性質M*を例化させ（てM*の実例を生じさせ）る」ということである）。

しかし、物理的閉包性の原則からすれば、M—M*間の例化関係（因果関係と言ってもよいが）を額面どおりに受け取るわけにはいかない。このような関係が可能ならば、それはMおよびM*の基盤とな

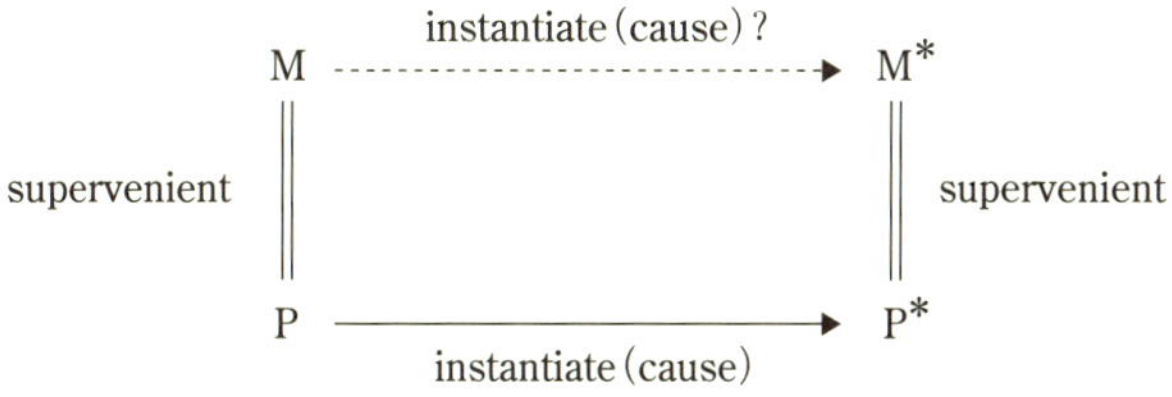

図1

る何らかの物理的性質の因果性によるのでなければならないはずだ。このようにして心的性質が何らかの因果的な力を発揮するためには、その性質が何らかの物理的性質にスーパーヴィーニエンスという形で依存し、その依存された性質（基盤性質）によって因果的な力が発揮されると考えたほうが、少なくとも（非還元的）物理主義者にとっては納得しやすいだろう。この場合、性質Mには物理的基盤Pが、M^*には基盤P^*が存在すると考えられる。このとき、MはPに、M^*はP^*にそれぞれスーパーヴィーンし、PはP^*を例化することによりM^*を例化するという、スーパーヴィーニエンス因果の形ができあがる。図示すると図1のようになる。

　二種類の原因MとPは結果M^*（あるいはそのスーパーヴィーニエンス基盤P^*）に対して、同じひとつの結果に複数の原因が同時に存在する「因果的過剰決定」の状態にあるように見える。けれどもこの事例は因果的過剰決定であってはならない。過剰決定を許容すれば、非物理的な性質が因果的効力をもつことになり、これは物理的閉包性の原則に違反するからだ。しかしその場合、真の因果過程はPとP^*の間にあり、MとM^*との因果関係は見かけ上のものに過ぎない。PのみでP^*ひいてはM^*を生じさせるのに十分であるならば、非物理的なMが果たすべき因果的役割は何も残されていないように見えるからだ。つまり、心的因果は見かけ上のものに過ぎないことが帰結するのである。これが「因果的排除問題」と呼ばれるものである。以上の話の筋道を簡単にまとめるならば、心身のスーパーヴィーニエンスを認めなければ過剰決定となり、認めたら認めたで排除問題が発生するがために、心身スーパーヴィーニエンスは心的因果を理解可能にすると思われたにもかかわらず、それが成立しようがしまいが心的因果は理解不可能であるという帰結になる。この「スーパーヴィーニエンス論法」は、物理的閉包性とスーパーヴィーニエンスを認めたうえで心的因果を立証しようとするすべての物理主義者にとっては深刻な挑戦であり、このディレンマをいかにして回避するかが課題となってくる。

先ほどの「実現説」になぞらえて上の状況を表現するならば、心的因果を担うのは実際には心的状態を実現する物理的性質であるとすることができる。さらにこの心的性質は、何らかの結果を生じさせる性質をもつという性質「二階の性質」として捉えなおされる。しかしここにも心的因果の問題が頭をもたげてくる。ネッド・ブロックが懸念するところによれば、もし因果的効力を発揮するのが二階の性質の実現者であるところの一階の性質であるならば、二階の性質に因果的効力を帰す必要はなくなり、二階の性質は実現者としての一階の性質に随伴するだけだとするエピフェノメナリズムが帰結するのではないか？

ブロックの危惧するエピフェノメナリズムとは結局、「二階の性質が、性質Kを惹き起こす性質をもつという性質として定義されるならば、Kに関してエピフェノメナルである」ということだけである。しかし、このエピフェノメナリズムをかろうじて回避しおおせたとしても、物理的な実現者抜きでどうやって心的性質の因果性を理解すればよいのか。キムは「ある二階の性質が特定の一階の性質によって実現されるならば、二階の性質の実例がもつ因果的力はその実現者（の実例）の因果的力と同一である」とする「因果的継承原則」を提案する。そして、二階の性質の話にスーパーヴィーニエンス論法を適用するならば、二階の性質の因果的効力は再び窮地に立たされ、しかも、因果的継承原則に照らせばスーパーヴィーニエンス論法による重圧は今回のほうがより大きくなる。Mの実例がM*の実例を惹き起こし、M*が一階の物理的性質P*によって実現されると仮定すると、M*はどうやって例化されたのか？　その答えは、「MがM*を例化させたから」か「P*がM*を実現したから」であろう。性質Mの実例がP*の例化を惹き起こし、それによってM*の例化を惹き起こすと考えることで両者の折衷案を提示しようとするとき、因果的継承原則によればMの因果的な力は実現者Pのそれに他ならず、M実例がP*の例化を惹き起こすといえるのはPの実例がそれを惹き起こすときに限られる。ここでもまたMが因果的にどんな役割を果たすのかはまったく不可解となるのである〔第二章〕。

二階の性質の因果的効力がその実現者のそれに他ならず、また出来事がその性質の因果的効力によって個別化されるならば、同じ因果的効力をもつ性質同士を同一視してはどうしていけないのか。ここからMとPを同一視する、つまり前者を後者へ還元する動機が生じてくる。では、どのようにして還元するのか？　心脳同一説のような単純な還元理論は（哲学的学説としては）とうに破綻しているのである。その手がかりおよび課題は、これまで主流であったネーゲル式の還元の手法に求めることができるだろう。ネーゲル式還元とは、還元の対象とされた語彙と還元先の基盤理論のそれをつなぐ

「橋渡し法則（bridge law）」をもとに、ある理論の法則を基盤となる別の理論の法則から導出することによって前者を後者に還元する手法である。ネーゲルは必ずしもそのようには主張していないが、この橋渡し法則は普通は双条件法（Aであるとき、かつそのときにのみB）の形をとるとされるので、ここでの考察も双条件法の形の橋渡し法則が対象となる。

ネーゲル式還元の問題点として、キムは（法則の）入手可能性問題、説明問題および存在論的問題の三つを挙げる。入手可能性問題とは、いかなる高次の性質も複数の実現者をもつがゆえに、それらの多重実現者への還元を可能にする完全な双条件的橋渡し法則を得ることができないというものである。この問題に対しては、たとえば高次の性質Mの多重実現者P_1、P_2、P_3を選言で結合させた「P_1またはP_2またはP_3」という「選言的性質」を想定するか、還元される対象の種または構造に特有な橋渡し法則を与えてそれらを局所的に還元するという二つの方法がある。

しかし、選言的性質を許容するならば、それが実現するところの高次の性質の言及は意味をなさなくなり、ついには高次の性質そのものを失う羽目になりかねない。たとえばリューマチ性関節炎と狼瘡は両方とも関節の痛みを惹き起こすとして、メアリーが実際に関節の痛みを感じているが、検査の結果どちらにかかっているのかわれわれにはわからなかったとしてみよう。そのとき「メアリーはリューマチ性関節炎にかかっているか狼瘡にかかっているかのどちらかである」と言うことはできても、「メアリーは『リューマチ性関節炎または狼瘡』にかかっている」と言うことはできない。そのような「選言的疾病」は存在しないからである。同じように、もしMが「P_1またはP_2またはP_3」のような

「選言的性質」と同一なのだとしたら（この性質は「P_1であるか、P_2であるか、P_3である」という選言的状況とは異なることに注意されたい）、そのような性質がいったいどのようなものであるのか不可解である以上、Mそのものの実質も失われてしまうだろう。

一方、局所的還元については、たとえ同じ個体ごとにおいても時間の経過などにより心的状態の実現者が異なるかもしれないという反論が提示されるが、どの性質に還元されるかが、必ずしもすべての種において一定の時間にわたり一律でなくてもよいとキムは考えるので、右の見解は反論とは見なされない。還元はそれが行われる世界の状態や、対象となる種に関して支配的な（prevailing）法則のもとで局所的に行われるにとどまるが、われわれの心理学はある程度均一な神経生理学的構造をもとに成り立っており、その構造において有効な法則のもとで還元が行われるならば、当面の目的としては十分であるとキムは述べる。

けれども今度は、たとえばなぜC繊維が興奮するときには痛みが発生し、A繊維の興奮の時には生じないのか、C繊維の何が痛みの感覚を説明するのかという「説明問題」が生じる。ネーゲル的還元は、ある現象がそれより基礎的な現象からどうやって生じるのかの説明を与えることができない。この問題に対しては、たとえ多重実現の事例であっても、機能的還元のモデルによって答えることができるとキムは述べる。なぜシステムsはtにおいてMを例化するのかという問いには、それはMが何らかの結果を生じさせる機能をもつのに必要な因果的特定化条件（specification）を満たす特定の性質P_iが、sにおいてMを実現するからだと答えれば十分であるとキムは考える。

最後に「存在論的問題」であるが、これは双条件的橋渡し法則が「存在者を減らす（reduce）」という存在論的要請を満たすのに不十分だということを指摘するものである。「Mであるとき、かつそのときにのみP」という双条件的法則において、MとPの概念は依然として別個のままであり、なおかつ両者を結びつけるのは「であるとき、かつそのときにのみ（iff）」なので、Mと同一視できる単一のPどころか、複数の実現者P_1、P_2、…が依然として存在するかもしれない。このとき、MとP_1、P_2それぞれをつなぐ橋渡し法則を還元のために付け加えなければならず、理論およびそこで記述される存在者は増えるばかりで一向に単純化しない。存在論的単純化のためには、双条件的橋渡し法則（Mであるとき、かつそのときにのみP）を同一性（MはPである）に強める必要があり、そのために有効な方策は、還元の機能的モデルを採用し、性質Mを因果的役割によって解釈しなおすことであるとキムは提案する。

機能的還元においては、Mは原因と結果について記述した因果的特定化条件によって定義される二階の性質であり、その特定化条件に見合うのが還元先の性質Pである。このことからMはPをもつという性質ということになるが、Pをもつという性質＝Pに他ならないので、MはPと同一となる。Mがどういう性質であるかは他の性質との因果的・法則的関係によって決定されるが、これらの関係は偶然的なので、Mと他の実現性質との実現関係は世界によって様々となるが、PがMの実現者であるか否かはその状況において支配的な自然法則によって決まるのだから、その法則が有効なすべての世界においてM＝Pは必然的に成り立つ〔第四章〕。

心的状態を機能化によって還元することのもっとも大きな利点は、スーパーヴィーニエンスのディレンマの回避を可能にすることにある。二階の性質としての心的性質は、それを実現する一階の物理的性質を超える因果的な力をもつことがないがゆえに、一階の実現者と同一視された二階の機能的性質としての心的性質は排除の対象にはならない。また、因果的な力は実は一階の実現者に宿るのだから、因果性の物理的閉包性の原則にも抵触しない。機能的還元は、心的因果を過剰決定と排除問題の両方から救う働きをするのである。

もし心的性質の機能化を支持するならば、以上の考察により心的因果の問題は解決されることが示されるが、そのかわり心的性質の因果的力はただ物理的実現者のそれに過ぎないことになる。しかし本当の悪い知らせは、クオリアなど還元を許さないいくつかの心的性質がスーパーヴィーニエンス論法を克服できないことである。キムはクオリアの機能化については悲観的である。もし意識をもつ装置を設計するように言われたら、われわれにできるのは人間などの生物学的有機体の複製物を作ることくらいしかできないが、もし情報を処理して行為を導く機能を果たす装置を設計するだけなら、そのときには人間などの複製を作らずに新たな装置を考え出すことができる。クオリアは機能化可能性において志向的状態などとは同列に扱えないのである。

もしクオリアが機能化できないことを根拠にあらゆる心的状態の機能化を拒むならば、物理主義にとどまるか二元論を支持するかに道が分かれ、さらに物理主義にとどまるならば、クオリアのような心的性質を保持しながらその因果的不能性を認めるか（エピフェノメナリズム）、そのような還元不可

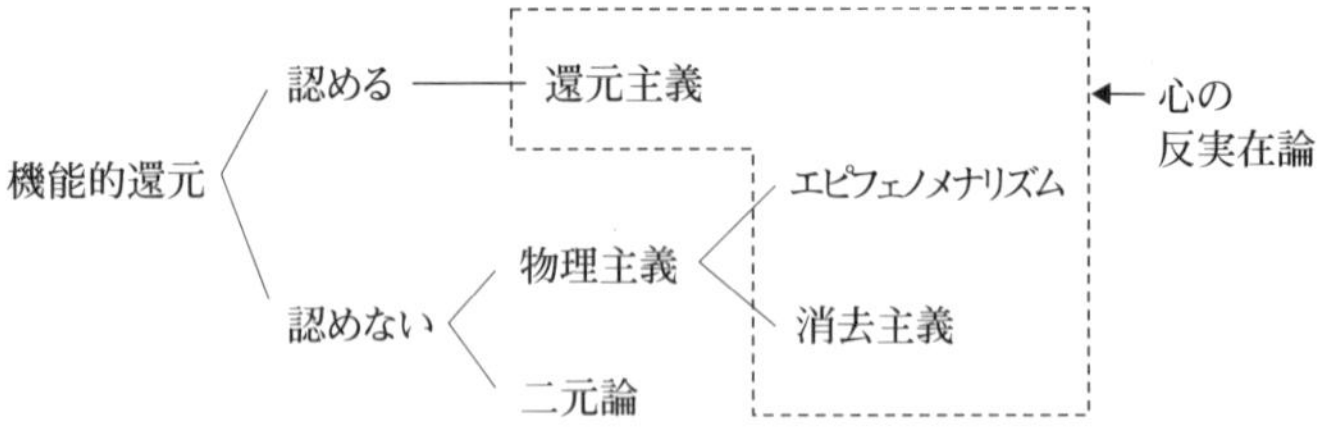

図2

能な性質の存在自体を否定するか（消去主義）のどちらかの道を進むことになるが、いずれにしても待っているのは心の反実在論であり、何らかの因果的な働きをもつものとして心の実在性を支持する者にとっては敗北である。また、還元主義を選んだとしても、実在としての心の因果的働きなどないと主張する時点でそれもまた心の反実在論の一種であり、わずかな良い知らせも悪い知らせに変わるのだ。

4　反撃の戦略（1）――説明実践と一般化論法

それでは、心的因果の支持者が敗北せずにすむ方法はあるのだろうか。ここで現在もなお続けられているキムへの挑戦の一例を示し、その成功の見込みをはかってみよう。

本書で取り上げられ、キムによって次々と却下されてゆく代表的な反論は、形而上学的側面よりも説明実践の側面を重視すべきだと主張するものや、心的因果が否定されるならば他のどの特殊科学的性質も因果的効力をもちえないことになる（ゆえに心的因果の否定につながる論証は誤りである）とする「一般化論法」などがある。これらに対してキムはそれらの論証の不十分な点を指摘し、日常生活と同じように哲学においても、望みどおりのものを得ようとするならそれなりの代償を払わずにすむ方法はないと喝破する〔第三章〕。

まず説明実践に基づいた立場であるが、タイラー・バージやリン・ラダー・ベーカーは、心的因果の問題が生じる根源は、形而上学と説明との優先順位の逆転であると論じる。ここで彼（女）らは、形而上学 vs. 認識論、または形而上学 vs. 説明実践という対立図式を想定し、それぞれにおいて形而上学ではないほうの対立項を支持せよと提案しているように思える。しかし、キムによれば、これらの対立は真の争点でないばかりか、形而上学 vs. 心的因果という対立もまた的外れである。われわれの多くがすでに心的因果を選択している以上、問題は「いかにしてわれわれの形而上学を心的因果と整合させるか」であり、形而上学と競合するのは認識論や説明実践ではなく、想定しうるまた別の形而上学なのである。

また、説明実践に焦点を定めれば心的因果の困難が解消されるかといえばそうもいかない。キムによれば、形而上学への配慮なしに心的因果の問題の解決は不可能である。第一に、行動を合理化する説明が因果的であることを示したデイヴィドソンの考察からして、出来事と記述との関係などに関わる形而上学的要素に満ちていることからしても、因果的説明の問題は形而上学とは無縁でないことが見てとれる。第二に、因果的説明で援用される出来事はまさに実在において説明される対象の原因でもあるという素朴な考え方からすれば、ある心的状態から行為にいたるまでに志向的な因果の筋書きと神経生理学的な因果の筋書きとが存在する事態は緊張を招き、二つの筋書きがどういう関係にあるのか説明する必要に迫られる。これは先に登場した因果的説明排除問題のひとつの形であり、それらのストーリーは両立すると主張するバージの立場では問題の解決にはなっていないのである。

次にとりあげられるのはテレンス・ホーガンのほかバージやベーカーにも支持されている、反事実的条件文によるアプローチである。これは、心的因果を「もしこれこれの心的状態がなかったらかくかくの行動は生じなかっただろうし、また、その心的状態が生じれば行動の生起は不可避である」という説明的事実に訴えて理解しようとする方法である。だが、このアプローチもまた、形而上学的問題を免れられるかどうかが疑問視される。

家の鍵を書店のカウンターに置き忘れたことを思い出したジルが、書店に鍵をとりに戻るとする。さらに「鍵を置き忘れたことを思い出す」という思考が生じる際に、ある神経状態Nが生じているとする。このとき、「鍵を置き忘れたことを思い出すというジルの思考がもし生じなかったら神経状態Nは生じなかっただろうし、ジルの思考が起こったならばNは起こったに違いなく、このことはジルが書店に鍵を取りに戻ることを不可避にする」という、反事実的条件文が成り立つ。しかしこの文は、たとえジルの思考がジルの行動に対して何の因果的働きももたず、この思考がただ（ジルの行動に対して実質的な因果的働きをもつ）Nに随伴しただけである場合にも同じように成り立つだろう。つまり、反事実的条件文アプローチによってはエピフェノメナリズムの可能性を排除できないのである。また、共通の原因から生じる二つの結果があるとき、「一方の結果が起こらなかったら他方の結果は起こらなかったし、一方の生起は他方の生起を不可避にする」と言うことができるが、それらの結果の間自体には因果関係が存在しない事例がある。反事実的条件文アプローチを支持するならば、心身因果を可能にする反事実的条件文を真にするものは何なのかを説明し、この説明のもとで少なくとも右の二つの難点を克服する見込みを示すことが必要である。とりわけ、反事実的条件文によって心的因果が救われると主張するならば、このアプローチがエピフェノメナリズムを許容するものでないとする論拠が要求される。

他にはジャクソンとペティットが提案する「プログラム説明」を援用する立場がある。それは説明を強調する点でベーカーらのアプローチに似ているが、心的なものが因果的効力を欠いていると主張する点で彼女らとは異なる。ジャクソンらは心的因果を「心的なものの因果的関連性（causal relevance）」として保持しようとする。性質Fが性質Gをもたらす際に、FはGに対して因果的効力をもたないのだが、それでも、「Fが発生したのはGが発生したからだ」が適切な「プログラム説明」であるという事実によって、FはGに対して因果的に関連しうる。つまり、上の説明がプログラム説明であるということで意味しているのは、FはGに関して因果的効力をもつ何らかの性質Pの存在を「プログラムする」または「保証する」ということなのである。しかし、ジャクソンとペティットが主張しているのは、因果的関連性というよりもむしろそれより弱い「情報的関連性（informational relevance）」に過ぎず、事物と事物との間にある何らかの結びつきとしての因果関係の捉え方を度外視して因果的関連性を主張できるのかが疑問に思えてくる。出来事を援用する因果的説明は、実際にその出来事が原因となる場合に限り因果的説明になりうるが、それより弱い概念が果たして特殊科学や心理学の性質に言及する因果的説明を立証する方法になるかは疑わしい。

説明実践・反事実的条件文およびプログラム説明に依拠したスーパーヴィーニエンス論法の回避はいずれも成功しない、というのがキムの診断である。では一般化論法はどうだろうか。この論法が正しいならば、第一章で指摘した階層モデルのうち最底辺の物理的レベルに因果性が「沈殿する」ことになるだろうし、さらにはそのような基盤レベルがもし存在しないとしたら、因果的な力はどこにも存在しないという恐るべき結論につながってしまう。

一般化論法に対するキムの最終的な回答は第四章で詳しく述べられているが、結局のところその論法への心配は不要だとキムは指摘する。一般化論法の要点は、二階の性質の因果的な力が一階の実現者の性質のそれに他ならないとしたら、そのことが即、マクロレベル因果のミクロレベルへの吸収につながると考える点にあるが、心的性質と特殊科学的性質は因果性に関して運命共同体ではない。第一に、高次の存在者とそれより低次の存在者との実現関係は、ミクロ―マクロ関係に従わない。二階の性質とそれを実現する一階の性質は同じ事物により所有されるという意味で同じ「レベル」にあるので、因果性が一階の実現者の方に帰されるとしても、そのことによって因果性がマクロレベルからミクロレベルへ移ることにはならない。

それならマクロレベルの存在者とそのミクロレベルの構成要素はどのように関連しあうのか？ キムは「ミクロ組成（micro-based）性質」という概念に訴える。あるマクロ性質が、互いに重複しない複数のミクロ部分によって構成されているとき、その性質はミクロ組成性質ということになる。たとえば、「水であること」という性質は、水素原子二個と酸素原子一個で形成されているという点でミクロ組成のマクロ性質である。このとき、「水」とそれを構成する「水素原子」と「酸素原子」とは異なる存在者となるが、重要なのは、水がもつ因果的効力（ものを湿らせたり光を通過させたりする）は、水素原子や酸素原子がもたない（それらを超える）因果的な力をもつということである。

そしてこのことが、心的性質の因果性についての議論が特殊科学的性質に応用されないことの第二の根拠となる。二階の機能的性質（心的性質）とその一階の実現者（神経生理学的性質）とは同じ人間（または有機体）により所有され、階は違えどレベルは同じである。同じひとりの人間の単一の行為について、心的性質によるものと物理的性質によるものとの二つの因果過程が並立し、過剰決定となるように思われるのはこのためであり、それを避けようとすれば心的性質の因果的排除が待っている。特殊科学的性質の場合も「階」と「レベル」の関係については同じことが言えるが、機能化される心的性質がその一階の実現者を超える因果的な力をもたないのに対し、ミクロ組成性質はミクロの構成要素を超える因果的力をもつ。ゆえに、ミクロ組成性質によって惹き起こされた単一の結果に対して、その因果的効力とミクロの構成要素がもつ因果的効力とが競合することはなく、因果的過剰決定の問題は生じない。さらに、物理的閉包性に関しても、キムはミクロ組成性質を物理的なものの外延に含めており〔第四章〕、ミクロ組成である特殊科学的性質の因果的効力は閉包性の原則に何ら抵触しないことになる。かくして、心的性質と特殊科学的性質はスーパーヴィーニエンス論証に関して同じ運命をたどることはなく、特殊科学的性質の因果性の危機を指摘することで心的性質の因果性を救おうとする一般化論法の試みは失敗に終わるのである。

5　反撃の戦略（2）——スーパーヴィーニエンス論法への挑戦

このようにして、物理主義批判としてのキムへのこれまでの反論は次々と頓挫する。ここからは、それ以外に現在提示されている戦略の見込みをはかってみたい。

スーパーヴィーニエンス論法の要となっているのは、因果的排除問題と因果的過剰決定であることは先に触れた。戦略の一つは、物理主義の根幹をなす物理的閉包性の原則を弱めることにより、これらの問題をともに無効化するものである。このような解決法をとる論者の一人にエリック・マーカスがいる。マーカスは、物理的閉包性には弱いものと強いものがあり、物理主義の主張は、弱い閉包性から出発してそれを次第に強化してゆくプロセスを示すものだと指摘する（Marcus [2005], p. 31）。弱い閉包性、すなわち“Completeness”によれば、物理的閉包性は「すべての物理的出来事は完全な物理的な因果的歴史をもち、物理的なものの原因を非物理的な領域に求める必要はない」という意味になる。ここでの「必要はない」を「物理的領域を越え出ようと思えばできないことはない」と解釈できるならば、物理的閉包性は、物理的なルートから外れたところにある非物理的な原因が因果的に作用する可能性を排除するものではなくなる。他方、“Closure”と呼ばれる強い閉包性では、物理的閉包性は「物理的出来事は非物理的出来事と因果的に相互作用することはありえず、また物理的出来事の非物理的性質によって相互作用することはない」となる。閉包性の解釈としてこちらをとるなら、物理的結果を惹き起こすのは物理的原因のみであり、物理的でない原因は排除されることになるので、心的性質の因果的排除の問題が生じてしまう。

しかし、マーカスの提案を多くの物理主義者が受け入れるかどうかは、Completeness のように非物理的因果の許容度を広くとる閉包性のあり方を認めることができるかどうかにかかっている。もしそのような閉包性の理解が可能なら、あえて物理的なものに因果的な力を限定する動機は弱くなり、ひいては物理主義の存在意義が疑問視されることにもなりかねない。よって、たいていの物理主義者は Completeness を Closure にまで強めていこうとするだろう。そのような状況で物理主義者があえて Completeness にとどまる利点があるかどうかは、「物理的なもの」の外延をどのくらいの広さで設定するかにもよると思われる。

次に考えられるのは、機能的還元というアイデアの難点を挙げ、心的なものの還元不可能性を示す戦略である。訳者は拙論（太田［二〇〇六］）において、志向的な心的状態の因果的役割がその内容的性質に左右されることを指摘し、たとえ物理的なものにスーパーヴィーンする志向的な心的状態についてであっても、同じ機能を果たしながら内容の異なる心的性質の差異をつかむことができないような機能的還元によって心的性質を物理的性質と同一視できるかどうかに疑問を投げかけた。

また、マリアン・デヴィッドは二階の性質（心的性質）と一階の性質（心的性質を実現する物理的性質）との実現関係は同一性を意味せず、それゆえにキムの機能主義は還元主義にはつながらないと述べている。機能主義にしたがって、ある性質ϕが一定の入力Iから出力Oを生じさせることを「I→ϕ→O」と表現する。機能主義者によれば、心的なものが物理的なものにスーパーヴィーンするのは、主体sがI→ϕ→Oという機能的役割をもつ物理的性質Pをもつことが、I→ϕ→Oであるような何らかの性質をもつという「二階の機能的性質」Mをもつことを含意するときである。ところが、MをもつことはPをもつことを含意しない。この含意関係が成り立つのはϕ＝Pのときであるが、P以外の性質もϕの役割を果たすかもしれないのだから、MとPとを同一視する義務はないことになる(David［1997］, p. 141)。

さらにデヴィッドは、機能的還元が深刻なディレンマに直面することを指摘する。通常は心が行うと見なされる「概念の適用や把握」に機能的還元の定式を当てはめるならば、それは心的現象ではなく、概念や述語ということになる。けれども、概念の適用や把握がどのような物理的過程によって実現されるのかという厄介な問題が生じる上、それ自体が述語または概念に過ぎないのだから、結局のところそれは「概念の適用や把握という概念」という再帰的なものを生じさせる。けれども、もしそれらが機能的還元の対象にならないとするなら、機能的に還元されない心的現象が少なくともひとつあるということになり、機能的還元は二元論の名残を払拭できないだろう(David［1997］, p. 140)。これらの考察では、機能的還元のしくみそのものよりもむしろ、それが心的性質と物理的性質との同一視につながるという考え方のほうに批判が向けられている点に特徴がある。

そして反論として変わり種とも言えるのが、キムの二者択一に対してエピフェノメナリズムを選択し、心的なものが因果的効力を欠いてもなおそれ自体として生き残ると主張する柴田正良の立場である。心の存在を支持するたいていの論者は、その存在を認めるからには何らかの実質的な役割を担うはずだと考えるため、そのような役割がないのに存在のみを主張しようとするエピフェノメナリズムは評判がよいとは言えないのだが、柴田はエピフェノメナリズムを推奨する。

柴田によれば、心の非還元論者には「因果的効力」のような「力」がなければ存在者と見なすことはできないのではないかという不安がある。けれども、ここで問題となる「因果的効力」は、「性質は法則的な結合をするがゆえにいわゆる「因果的効力」と称されるものをもつのであって、因果的効力なる神秘的な「力」が性質にあらかじめ備わっているがゆえに互いに法則的な結合をするのではない」（柴田［二〇〇六］、七二頁）というように、実は性質間の法則的結合の別名であると考えられる。因果関係はあくまで出来事同士の間に成り立つのであり、それら二つの出来事の間に因果的なつながりが見られる場合、そのことが意味するのは、原因となる出来事の性質と結果となる出来事の性質とが、与えられた文脈において有効な法則によって結びつけられているということなのである。「因果的効力」の意味するところはそれ以上でも以下でもなく、その意味では物理的性質でさえも随伴現象（エピフェノメナ）であるといえる。もちろん、もしそれが正しいならば、個別科学の因果性のあり方を考え直し、なおかつそれでもなお物理的なものに優先権を与えることができるかどうかを検討する必要がある。それでも、この立場は心的な性質の物理的な性質へのスーパーヴィーニエンスや多重実現可能性といった、心の非還元主義者にとって自然な直観を犠牲にすることなく心の存在を主張できるという利点がある。

以上で紹介したのはキムの考察に端を発した議論のごく一部に過ぎないが、キムの提起した問題が心や因果性、スーパーヴィーニエンス、還元主義などの領域において多岐にわたる議論を惹き起こしていることはおわかりいただけると思う。もちろん、これらの論争は現在もなお繰り広げられており、この分野に関心のある読者なら誰でも参加する道が開かれている。本書および訳者の拙い解説がその道への端緒となることを願ってやまない。

解説を締めくくるにあたり、本書の刊行にご協力頂いた方へ感謝を申し述べたい。鈴木貴之（南山大学）・金杉武司（高千穂大学）・海田大輔（京都大学）諸氏には、本書の翻訳草稿に目を通していただき、読みやすい訳文に改善されるよう多くの、時には厳しい助言を頂いた（それでも読みづらく難解な箇所があるとすれば、それはすべて訳者の責任である）。また、金沢大学の柴田正良氏には訳文や訳語に関して適切な修正案を提示していただいた。そして、勁草書房編集部の土井美智子さんに対しては、遅々として進まない翻訳作業を締切を過ぎてもなお辛抱強く見守ってくださり、本書の内容が少しでも一般読者に浸透するよう様々なヒントを与えていただいたことに関して感謝の念は尽きない。最後に、今回の翻訳に訳者を指名していただいた名古屋大学の戸田山和久氏には心より御礼申し上げたい。

参考文献

David, M. [1997], "Kim's Functionalism," *Philosophical Perspectives* 11, pp. 133–48.
柏端達也［二〇〇二］、「スーパーヴィーニエンス」、『事典　哲学の木』五九六―五九九頁、講談社。
Marcus, E. [2005], "Mental Causation in a Physical World," *Philosophical Studies* 122, pp. 27–50.
奥雅博［二〇〇一］『ウィトゲンシュタインと奥雅博の三十五年』、勁草書房。
太田雅子［二〇〇六］、「心的因果から心的説明へ」『思想』九八二号、三五―五二頁。
柴田正良［二〇〇六］、「機能的性質と心的因果――キム的還元主義のゆくえ」、『思想』九八二号、六九―八二頁。

人名索引

事項索引

サ　行

タ　行

ナ　行

ハ　行

マ　行

ラ　行

アルファベット

参考文献

＊脚注で言及されていて原著の参考文献に未収録のものをすべて補足した。　［訳者］

Alexander, Samuel. *Space, Time, and Deity*, vol. 2. London : Macmillan, 1920.

Antony, Louise, M. "Anomalous Monism and the Problem of Explanatory Force." *Philosophical Review* 98 (1989) : 153–187.

——. "The Inadequacy of Anomalous Monism as a Realist Theory of Mind." In *Language, Mind, and Epistemology*, ed. G. Preyer, F. Siebelt, and A. Ulfig. Dordrecht : Kluwer, 1994.

Antony, Louise M., and Joseph Levine. "Reduction with Autonomy." *Philosophical Perspectives* 11 (1997) : 83–105.

Armstrong, David. *A Materialist Theory of the Mind*. New York : Routledge and Kegan Paul, 1968［D・M・アームストロング『心の唯物論』、鈴木登訳、勁草書房、1996年］.

——. *A Theory of Universals*, vol. 2. Cambridge : Cambridge University Press, 1978.

Baker, Lynne Rudder. "Metaphysics and Mental Causation." In *Mental Causation*, ed. Heil and Mele.

——. *Explaining Attitudes*. Cambridge : Cambridge University Press, 1995.

Beckermann, Ansgar, Hans Flohr, and Jaegwon Kim, eds. *Emergence or Reduction?* Berlin : De Gruyter, 1992.

Bieri, Peter. "Trying out Epiphenomenalism." *Erkenntnis* 36 (1992) : 283–309.

Block, Ned. "Can the Mind Change the World?" In *Meaning and Method*, ed. George Boolos. Cambridge : Cambridge University Press, 1990.

——. "Introduction : What Is Functionalism?" In *Readings in Philosophy of Psychology*, vol. 1, ed. Block. Cambridge : Harvard Univer-

sity Press, 1980.
——. “Anti-Reductionism Slaps Back.” *Philosophical Perspectives* 11 (1997) : 107–132.
Broad, C. D. *The Mind and Its Place in Nature*. London : Routledge and Kegan Paul, 1925.
Burge, Tyler. “Mind-Body Causation and Explanatory Practice.” In *Mental Causation*, ed. John Heil and Alfred Mele.
——. “Individualism and the Mental.” *Midwest Studies in Philosophy* 4 (1979) : 73–121［タイラー・バージ「個体主義と心的なもの」、前田高弘訳、信原幸弘編『シリーズ心の哲学Ⅲ　翻訳篇』163–274 頁、勁草書房、2004 年］.
——. “Philosophy of Language and Mind: 1950–1990.” *Philosophical Review* 101 (1992) : 3–51.
Causey, Robert. *Unity of Science*. Dordrecht: Reidel, 1977.
Chalmers, David. *The Conscious Mind*. Oxford : Oxford University Press, 1996［デイヴィッド・J・チャーマーズ『意識する心――脳と精神の根本理論を求めて』、林一訳、白揚社、2001 年］.
Davidson, Donald. “Mental Events.” 1970. Reprinted in Davidson, *Essays on Actions and Events*.
——. *Essays on Actions and Events*. Oxford: Oxford University Press, 1980［ドナルド・デイヴィドソン『行為と出来事』、服部裕幸・柴田正良訳、勁草書房、1990 年］.
——. “Actions, Reasons, and Causes.” *Journal of Philosophy* 60 (1963). Reprinted in *Essays on Actions and Events*.
——. “The Individuation of Events.” Reprinted in *Essays on Actions and Events*.
——. “Psychology as Philosophy.” Reprinted in *Essays on Actions and Events*.
——. “Thinking Causes.” In *Mental Causation*, ed. John Heil and Alfred Mele.
Dehmelt, Hans. “Triton,...electron,...cosmos...: An infinite regression?” *Proceedings of the National Academy of Sciences* 96 (1986) : 8618–8619.
——. “Experiments on the structure of an individual elementary parti-

cle." *Science* 247 (1990) : 539–545.

Descartes, René. *The Philosophical Writings of Descartes*, vol. 2, ed. John Cottingham, Robert Stoothoff, and Dugald Murdoch. Cambridge: Cambridge University Press, 1985.

Dray, William H. *Laws and Explanations in History*. Oxford : Oxford University Press, 1957.

Dretske, Fred. *Naturalizing the Mind*. Cambridge : MIT Press, 1995 [フレッド・ドレツキ『心を自然化する』、鈴木貴之訳、勁草書房、近刊].

Endicott, Ronald. "Constructival Plasticity." *Philosophical Studies* 74 (1994) : 51–75.

Feigl, Herbert. "The 'Mental' and the 'Physical'." *Minnesota Studies in the Philosophy of Science*, vol. 2, ed. Herbert Feigl, Grover Maxwell, and Michael Scriven. Minneapolis : University of Minnesota Press, 1958.

Fodor, Jerry A. "Special Sciences, or the Disunity of Science as a Working Hypothesis." *Synthese* 28 (1974) : 97–115. Reprinted in *Representations*.

——. "Making Mind Matter More." *Philosophical Topics* 17 (1989) : 59–79. Reprinted in *A Theory of Content and Other Essays*. Cambridge: MIT Press, 1990.

——. *Representations*. Cambridge: MIT Press, 1981.

——. *Psychosemantics*. Cambridge: MIT Press, 1987.

Foster, John. *The Immaterial Self*. London: Routledge, 1991.

Ginet, Ginet. *On Action*. Cambridge : Cambridge University Press, 1990.

Goldberg, Bruce. "The Correspondence Hypothesis." *Philosophical Review* 77 (1968) : 439–454.

Hart, W. D. *The Engines of the Soul*. Cambridge: Cambridge University Press, 1988.

Heil, John. *The Nature of True Minds*. Cambridge: Cambridge University Press, 1992.

Heil, John, and Alfred Mele, eds. *Mental Causation*. Oxford : Clarendon, 1993.

Hempel, Carl G., and Paul Oppenheim. "Studies in the Logic of Explanation." Reprinted in Hempel, *Aspects of Scientific Explanation*. New York: Free Press, 1965.

Honderich, Ted. "The Argument for Anomalous Monism." *Analysis* 42 (1982): 59–64.

Horgan, Terence. "From Supervenience to Superdupervenience." *Mind* 102 (1993): 555-586.

——. "Supervenience and Cosmic Hermeneutics." *Southern Journal of Philosophy* 22 (1984), suppl: 19-38.

——. "Mental Quausation." *Philosophical Perspectives* 3 (1989): 47–76.

——. "Supervenient Qualia." *Philosophical Review* 96 (1987): 491–520.

——. "Kim on Mental Causation and Causal Exclusion." *Philosophical Perspectives* 11 (1997): 165–184.

Horgan, Terence, and Mark Timmons. "Troubles on Moral Twin Earth: Moral Queerness Revisited." *Synthese* 92 (1992): 221–260.

Jackson, Frank, and Philip Pettit. "Functionalism and Broad Content." *Mind* 97 (1988): 381–400.

——. "Program Explanation: A General Perspective." *Analysis* 50 (1990): 107–117.

Jacob, Pierre. *What Minds Can Do*. Cambridge: Cambridge University Press, 1997.

Kim, Jaegwon. "Does the Problem of Mental Causation Generalize?" *Proceedings of the Aristotelian Society* 97 (1997): 281–297.

——. "Psychophysical Laws." Reprinted in *Supervenience and Mind*.

——. "What is the Problem of Mental Causation?" *Norms and Structures in Science*, ed. M. L. Dalla Chiara et al. (Dordrecht: Kluwer, 1997).

——. "Concepts of Supervenience." Reprinted in *Supervenience and Mind*.

——. "Supervenience for Multiple Domains." Reprinted in *Supervenience and Mind*.

——. "Mental Causation: What? Me Worry?" *Philosophical Issues* 6 (1995): 123–151.

——. "Epiphenomenal and Supervenient Causation." *Midwest Studies*

in Philosophy 9 (1984) : 257–270. Reprinted in *Supervenience and Mind*［ジェグォン・キム「随伴的かつ付随的な因果」、金杉武司訳、信原幸弘編『シリーズ心の哲学Ⅲ　翻訳篇』17–49 頁、勁草書房、2004 年］.

——. “Mechanism, Purpose, and Explanatory Exclusion.” *Philosophical Perspectives* 3 (1989) : 77–108. Reprinted in *Supervenience and Mind.*

——. “Multiple Realization and the Metaphysics of Reduction.” Reprinted in *Supervenience and Mind.*

——. “Psychophysical Supervenience.” *Philosophical Studies* 41 (1982) : 51–70. Reprinted in *Supervenience and Mind.*

——. “Self-Understanding and Rationalizing Explanations.” *Philosophia Naturalis* 82 (1984) : 309–20.

——. “The Myth of Nonreductive Physicalism.” *Proceedings and Addresses of the American Philosophical Association* 63 (1989) : 31–47. Reprinted in *Supervenience and Mind.*

——. “The Nonreductivist's Troubles with Mental Causation.” In *Supervenience and Mind.*

——. “‘Downward Causation’ in Emergentism and Nonreductive Physicalism.” In *Emergence or Reduction?*, ed. A. Beckermann, H. Flohr, and J. Kim.

——. “‘Strong’ and ‘Global’ Supervenience Revisited.” Reprinted in *Supervenience and Mind.*

——. “Supervenience as a Philosophical Concept.” Reprinted in *Supervenience and Mind.*

——. “Postscript to Mental Causation.” in *Supervenience and Mind.*

——. *Supervenience and Mind.* Cambridge : Cambridge University Press, 1993.

——. *Philosophy of Mind.* Boulder, CO: Westview, 1996.

——. “The Mind-Body Problem after 50 Years.” Delivered at the Royal Institute of Philosophy, October, 1996.

——. “The Mind-Body Problem: Taking Stock after 40 Years,” *Philosophical Perspectives*, 11 (1997) : 185–207.

——. “Making Sense of Emergence.” *Philosophical Studies* 95 (1999) :

3–36.

Kripke, Saul. *Naming and Necessity*. Cambridge: Harvard University Press, 1980［ソール・クリプキ『名指しと必然性――様相の形而上学と心身問題』、野家啓一・八木沢敬訳、産業図書、1985 年］.

LePore, Ernest, and Barry Loewer. "Mind Matters." *Journal of Philosophy* 93 (1987): 630–642.

Levine, Joseph. "On Leaving out What It's Like." In *Consciousness*, ed. Martin Davies and Glyn W. Humphreys. Oxford: Blackwell, 1993.

Lewis, David. "Counterfactual Dependence and Time's Arrow." Reprinted in *Philosophical Papers* II. Oxford: Oxford University Press, 1986.

——. "Causal Explanation." In *Philosophical Papers* II. Oxford: Oxford University Press, 1986.

——. "Causation." Reprinted in *Philosophical Papers* II.

——. "New Work for a Theory of Universals." *Australasian Journal of Philosophy* 61 (1983): 343–377［デイヴィド・ルイス「普遍者の理論のための新しい仕事」、柏端達也・青山拓央・谷川卓編訳『現代形而上学論文集』所収、勁草書房、2006 年］.

Louch, A. R. *Explanation and Human Action*. Oxford: Blackwell, 1968.

Lycan, William G. *Consciousness*. Cambridge: MIT Press, 1987.

Malcolm, Norman. *Memory and Mind*. Ithaca: Cornell University Press, 1977.

Marr, David. *Vision*. New York: Freeman Press, 1982［デビッド・マー『ヴィジョン――視覚の計算理論と脳内表現』、乾敏郎・安藤広志訳、産業図書、1987 年］.

McLaughlin, Brian. "Type Epiphenomenalism, Type Dualism, and the Causal Priority of the Physical." *Philosophical Perspectives* 3 (1989): 109–135.

——. "Varieties of Supervenience." In *Supervenience: New Essays*, ed. E. Savellos and Umit D. Yalcin. Cambridge: Cambridge University Press, 1995.

——. "The Rise and Fall of British Emergentism." In *Emergence or Reduction?*, ed. Beckerman, Flohr, and Kim.

Melden, A. I. *Free Action*. London: Routledge and Kegan Paul, 1961.

Morgan, C. Lloyd. *Emergent Evolution*. London : Williams and Norgate, 1923.

Nagel, Ernest. *The Structure of Science*. New York : Harcourt, Brace, 1961.

Oppenheim, Paul, and Hilary Putnam. "Unity of Science as a Working Hypothesis." *Minnesota Studies in the Philosophy of Science*, vol. 2, ed. H. Feigl, G. Maxwell, and M. Scriven. Minneapolis: University of Minnesota Press, 1958.

Place, U. T. "Is Consciousness a Brain Process?" *British Journal of Psychology* 47, Part I (1956) : 44–50.

Post, John. *The Faces of Existence*. Ithaca : Cornell University Press, 1987.

Prior, Elizabeth, Robert Pargetter, and Frank Jackson. "Three Theses About Dispositions." *American Philosophical Quarterly* 19 (1982) : 251–257［エリザベス・W・プライア、ロバート・パーゲッター、フランク・ジャクソン「傾向性についての三つのテーゼ」、柏端達也・青山拓央・谷川卓編訳『現代形而上学論文集』229–249 頁、勁草書房、2006 年］.

Putnam, Hilary. "The Meaning of 'Meaning'." In *Philosophical Papers*, vol. 2. Cambridge: Cambridge University Press, 1975.

——. "On Properties." In *Philosophical Papers*, vol. 1. Cambridge: Cambridge University Press, 1975.

——. "Psychological Predicates." First published in 1968 and later Reprinted under the title "The Nature of Mental States." In Putnam, *Collected Papers* II. Cambridge : Cambridge University Press, 1975.

——. "Minds and Machines." In *Dimensions of Mind*, ed. Sydney Hook. New York: New York University Press, 1960.

——. *Representation and Reality*. Cambridge: MIT Press, 1988［ヒラリー・パトナム『表象と実在』、林泰成・宮崎宏志訳、晃洋書房、1997 年］.

Ryle, Gilbert. *The Concept of Mind*. London : Hutchinson and Company, Ltd., 1949［ギルバート・ライル『心の概念』、坂本百大・宮下

治子・服部裕幸訳、みすず書房、1987年].

Salmon, Wesley C. *Scientific Explanation and the Causal Structure of the World*. Princeton: Princeton University Press, 1984.

Savellos, Elias, and Umit Yalcin, eds. *Supervenience: New Essays*. Cambridge: Cambridge University Press, 1995.

Searle, John R. *The Rediscovery of the Mind*. Cambridge: MIT Press, 1992.

——. "Consciousness, the Brain and the Connection Principle: A Reply." *Philosophy and Phenomenological Research* 55 (1995): 217–232.

Shoemaker, Sydney. "Some Varieties of Functionalism." Reprinted in *Identity, Cause, and Mind*. Cambridge: Cambridge University Press, 1984.

——. "Causality and Properties." Reprinted in *Identity, Cause, and Mind*. Cambridge: Cambridge University Press, 1984.

Smart, J. J. C. "Sensations and Brain Processes." *Philosophical Review* 68 (1959): 141–156.

Sosa, Ernest. "Mind-Body Interaction and Supervenient Causation." *Midwest Studies in Philosophy* 9 (1984): 271–81.

Stich, Stephen P. *From Folk Psychology to Cognitive Science*. Cambridge: MIT Press, 1983.

——"Autonomous Psychology and the Belief-Desire Thesis." *The Monist* 61 (1978): 573–591.

Stoutland, Frederick. "Oblique Causation and Reasons for Action." *Synthese* 43 (1980): 351–67.

Swinburne, Richard. *The Evolution of the Soul*. Oxford: Clarendon, 1986.

Tye, Michael. *Ten Problems of Consciousness*. Cambridge: MIT Press, 1995.

Van Gulick, Robert. "Three Bad Arguments for Intentional Property Epiphenomenalism." *Erkenntnis* 36 (1992).

——. "Nonreductive Materialism and the Nature of Intertheoretic Constraint." In *Emergence or Reduction?*, ed. Beckermann, Flohr, and Kim.

Varela, Francisco, Evan Thompson, and Eleanor Rosch. *The Embodied Mind*. Cambridge: MIT Press, 1993［フランシスコ・ヴァレラ、エヴァン・トンプソン、エレノア・ロッシュ『身体化された心──仏教思想からのエナクティブ・アプローチ』、田中靖夫訳、工作舎、2001 年］.

von Wright, G. H. *Explanation and Understanding*. Ithaca: Cornell University Press, 1971［G・H・フォン　ウリクト『説明と理解』、丸山高司・木岡伸夫訳、産業図書、2005 年］.

Wilson, George. *The Intentionality of Human Action*. Stanford : Stanford University Press, 1989.

Wittgegnstein, Ludwig. *Philosophical Investigations*, trans. G. E. M. Anscombe. Oxford: Blackwell, 1953［ウィトゲンシュタイン『哲学探究』、藤本隆志訳、ウィトゲンシュタイン全集第 8 巻所収、大修館書店、1976 年］.

ジェグォン・キム（Jaegwon Kim）
1934年生まれ。プリンストン大学で博士号を取得。ジョンズ・ホプキンス大学、ミシガン大学などを経て、1987年よりブラウン大学ウィリアム・ハーバート・ペリー基金哲学教授。主著に *Supervenience and Mind* (Cambridge University Press, 1993), *Philosophy of Mind* (Westview Press, 1996), *Physicalism, or Something Near Enough* (Princeton University Press, 2005) などがある。

太田雅子（おおた　まさこ）
1968年、東京都生まれ。2001年、お茶の水女子大学大学院博士課程単位取得退学。博士（人文科学）。お茶の水女子大学非常勤講師。主論文に「心的因果から心的説明へ」(『思想』982号、2006年)。

物理世界のなかの心
心身問題と心的因果　　双書 現代哲学3

2006年7月20日　第1版第1刷発行

著　者　ジェグォン・キム
訳　者　太　田　雅　子
発行者　井　村　寿　人

発行所　株式会社　勁《けい》　草《そう》　書　房

112-0005　東京都文京区水道2-1-1　振替　00150-2-175253
（編集）電話 03-3815-5277／FAX 03-3814-6968
（営業）電話 03-3814-6861／FAX 03-3814-6854
理想社・鈴木製本

ISBN4-326-19949-0　Printed in Japan

http://www.keisoshobo.co.jp